AF423921

9 789948 800194

صورة الخليفة هارون الرشيد
في المسرح العربي

د. يحيى البشتاوي

صورة الخليفة هارون الرشيد في المسرح العربي

إصدارات دائرة الثقافة، حكومة الشارقة 2023م

الناشر: دائرة الثقافة حكومة الشارقة الإمارات العربية المتحدة

هاتف: 5123333 9716+

برّاق: 5123303 9716+

موقع إليكتروني: www.sdc.gov.ae

بريد إليكتروني: sdc@sdc.gov.ae

الطبعة الأولى: 2023

صورة الغلاف (رسم متخيل): الفنان فواز سلامة
تصميم الغلاف: منال السويدي

———————————

812.009
ب ي . ص   البشتاوي، يحيى
صورة الخليفة هارون الرشيد في المسرح العربي / يحيى البشتاوي.ـالشارقة، الإمارات العربية المتحدة :
دائرة الثقافة، 2023.
198ص؛ 21 x 14سم.
يشتمل على إرجاعات ببليوجرافية.
1. المسرحيات العربية – تاريخ ونقد
2. الخلفاء العباسيون
3. هارون الرشيد، الخليفة، 149-193 هـ. 4. المسرحيات التاريخية
أ. العنوان

ISBN: 9789948800194

المقدمة

شكلت شخصية الخليفة العباسي هارون الرشيد، شخصية إشكالية على المستوى التاريخي، وذلك نتيجة لما عاش من أحداث سياسية واجتماعية، أثّرت تأثيراً بالغاً في حياته، وارتبط تحديد ملامح هذه الشخصية من خلال ما نقلته المصادر التاريخية عنها، سواء كانت تلك المصادر متعاطفة معها أم بالضد منها، غير أنها حاولت ان تكون موضوعية، أو ادعت ذلك، من خلال ربط الأحداث بمسبباتها.

وقد حكم هارون الرشيد أثناء حكمه لدولة الخلافة العباسية، دولة مترامية الأطراف، تتسم بالقوة والرخاء، وقد جرّت عليه سنوات الحكم عدداً من الأعداء الذين عبروا عن موقفهم منه، من خلال ما يرونه مناسبا لمنطلقاتهم وتصوراتهم، وشكل التاريخ معيناً لا ينضب من الأحداث والقصص والحكايات التي تناولت حياة الرشيد، والتي شكلت رافداً حيويّاً للأدباء على اختلافهم، وقد استلهم المؤلف المسرحي العربي المعطيات التاريخية التي تناولت شخصية الرشيد، ووظفها في المسرح، حيث عبر بحكم ماهيته وموضوعاته ومناهجه عن معطيات واقعية، ووثق للمسار البشري ضمن تحولاته المرحلية المتعددة، محاولاً من خلال ذلك؛ الوصول إلى أكبر قدر من الموضوعية.

لقد اختار المسرحيون العرب من التاريخ الوقائع والأحداث المرتبطة بشخصية الرشيد، وجاءت معالجاتهم الأدبية وفقاً لمبدأ الاختيار والانتخاب من تلك الوقائع، ولم تنفصل المعالجة التي قام بها الأديب المسرحي لشخصية الرشيد عن ثنائية الأصالة والمعاصرة، بوصفهما تحققان وحدة باطنية عضوية، تعبر عن الرؤية المعاصرة للتراث، التي تفرض علينا أن نتعامل معه كمواقف وحركة مستمرة، من شأنها أن تساهم في تطوير التاريخ وتقديمه بقيمه الإنسانية المثلى، وذلك لإيجاد السبيل الأفضل للأمة للتعبير عن نفسها وهويتها وملامحها الخاصة المستقلة.

الفصل الأول

مقدمات تمهيدية

أولاً: توظيف الشخصية التاريخية في المسرح

شكلت المسرحية التاريخية أحد اتجاهات التأليف المسرحي، واستمدت مشروعيتها من مدلولها ومضامينها الفكرية، فهي تبنى حكائيّاً على التاريخ وتتشكل منه، حيث يتم إعادة المادة التاريخية بما يتوازى مع معطيات الواقع المعيش، وتتشكل المسرحية من خلال رؤية الكاتب المسرحي، الذي يجب أن يكون لديه معرفة واسعة بحوادث التّاريخ، وقد اختار المسرحيون العرب من التاريخ الوقائع والأحداث المرتبطة بالشخصية التاريخية، وجاءت معالجاتهم الأدبية وفقاً لمبدأ الاختيار والانتخاب من الوقائع، وعند توظيف الشخصية التاريخية في المسرح، فإنه يتم تشغيل التاريخ من خلال النص المسرحي بمستويات متعددة، "وتتحكم في اختيارات الكاتب المسرحي مجموعة عناصر، تعد الفكرة الأساسية التي يرغب في التعبير عنها داخل مسرحيته، أهمها: تحديد مسارات الاختيار التي يتوجه الكاتب من خلالها إلى عصر أو شخصية تاريخية بعينها، كما يدفع الترتيب المنطقي للأحداث المستلهمة داخل المسرحية الكاتبَ إلى الانتخاب من أحداث التاريخ، إذ لا بد أن يعتمد ترتيب الأحداث على منطق العِلِّيَّة، وهو المنطق الذي يمنح العمل المسرحي وجوده ومنطقه الفني"[1] فيصبح النص وثيقة تكشف عن بعض

---

1. فايز تامر، تحولات الشخصية التاريخية في المسرح المصري المعاصر، المجلس الأعلى للثقافة، القاهرة، 2016م، ص28.

تفاصيل الصورة المتكاملة لفترة زمنية معينة، ليعبر عن عدد من الدوافع الوطنية، ويسهم مساهمة فعالة في توطين الثقافة العربية، من هنا اجتذب التاريخ كتاب المسرح، ولعل ذلك يعود لإعجابهم بسيرة أبطاله، بالإضافة إلى طواعية الحقائق التاريخية للرمز والإيحاء والإشارة وغيرها من أدوات التعبير الخاصة بالمسرح.

إن المسرحية التاريخية لا تخرج عن كونها عملاً فنيّاً، يرتكز على منظومة من القيم الأخلاقية والحضارية والاجتماعية، في مرحلة زمنية معينة، وهي تستعير الشّخصيّات وفق رؤية إبداعية، يستعير فيها المؤلّف الأحداث والشخصيات المناسبة للموقف المناسب، ويختزل منها ما يريد اختزاله ويضيف ما يخدم رؤيته، وينبغي هنا ألا يتم المس بقدسية التاريخ، فلا يزوره أو يخرج عن معطياته، وينبغي القول إن المسرحية التاريخية عند بعض الكتاب، قد خرجت عن الحدود المرسومة في كتب التاريخ، لكنها التقت مع التاريخ من ناحية تعاملها مع الزمن بأسلوب خاص، ومحاولة تغطية امتداداته الثلاثة، الماضي والحاضر والمستقبل، ورغم ذلك فإنها لم تكتب لتكون مرجعاً في التاريخ أو بديلاً عنه، ولكنها قد تشكل مصدراً من المصادر التاريخية التي تقدم منتجاً إبداعيّاً، يتخذ من الماضي وسيلة لمعاينة الحاضر، "وكل ذلك سيتطلب من الكاتب المسرحي قبل أن يعمل في المادة التاريخية حذفاً أو إضافة أو تحويراً؛ الإلمام بتفاصيل الواقعة التاريخية وطبيعة عصرها ومعطياتها وعلاقتها وروحها، وإذا استطاع الكاتب المسرحي بعد كل ذلك،

أن يوازن بدقة بين حقائق الواقعة التاريخية وشخوصها، وبين تفسيراته وتأويلاته الفكرية والإنسانية والفنية (الدرامية)، فإنه سينجح عندئذ في تقديم الحقيقة الإنسانية والفنية، إلى جانب الحقيقة التاريخية، وتبقى الحقيقة الفنية هي الهدف الأول والأهم في العمل الفني"[1].

ورغم ما يبدو ظاهريّاً من اختلاف بين المسرح والتاريخ، نتيجة لاختلاف مجالي اشتغالهما، فإن هناك علاقة خفية تحيك وشائج متشابكة فيما بينهما، حتى أن المتأمل لهذه العلاقة سيكتشف حالة من التكامل تربط بينهما، فإذا كان التاريخ شاهداً على الحياة، فإن المسرح شاهد آخر بمقدوره هضم التاريخ ومعطياته دون الخلط بين التاريخ والموروث.

لقد اعتمد الأدب على توظيف معطيات التاريخ رغم الطابع التخييلي المهيمن على مجال اشتغاله، ولم يكن الأدب المسرحي العربي بمعزل عن هذا التوجه، الذي اتخذ طابعاً أكثر عمقاً، وذلك لتحقيق أهداف فنية ودلالية، هي بالتأكيد تضفي على الإبداع قيمة مضافة. "إن المؤرخ يحكي ما حدث مجرداً من الخيال وإن أظهر ما في التاريخ من أسس إنسانية، بينما الأديب يفسر ويتخيل ويستنبط الحقائق الكلية التي تصدق على الواقع، وهو يقرأ حقائق التاريخ ويتخيلها، ثم يترك لوحيه الفني أن يلهمه صوراً لا تكذب على التاريخ برسومها وأعلامها، ولكنها

<hr>

1. هارف حسين علي، فلسفة التاريخ في الدراما التاريخية، ط1، دار الكندي للنشر والتوزيع، إربد، 2001، ص: 29.

ليست ترجمة تاريخية مبنية على وقائع، فلا يحاول إعادة تجسيم التاريخ، بل يحاول تجسيم العوامل التاريخية"[1]، ويمكن القول إن العلاقة بين المسرح والتاريخ ليست علاقة بسيطة، أو صيغة مسطحة، إنما هي علاقة مركبة متشابكة، لكون المسرح يعتمد حساسية خاصة في التعبير عن الوضع التاريخي والحضاري، ليعكس الكثير من مفردات الفعل.

وعند القراءة المتأنية والعميقة للعديد من المسرحيات التاريخية، سنجد أن كتابها قد شددوا على النقاط الآتية:

"أولاً: مراجعة التاريخ الرسمي الجاهز والاهتمام بالمهمشين والمغيبين.

ثانياً: عدم الاكتفاء بالمكتوب الرسمي أو الهامشي، بل الأخذ بالشفوي والمرويات الجزئية، أو الكاملة التي ترمم أو تنقض النص المكتوب.

ثالثاً: اكتناه التاريخ للأزمنة الثلاثة: الماضي والحاضر والمستقبل"[2].

وميزة المسرح أن لديه القدرة على التقاط تلك الفجوات التاريخية، وملئها بالحاضر، وهو يشكل لحظة راهنة تستقطب الماضي والمستقبل، مما يعني أن المسرح هو زمن الحدث المسرحي وزمن الشخصية وزمن العرض مثلما هو زمن التلقي.

---

1. هلال محمد غنيمي، في النقد المسرحي، دار العودة، بيروت، 1975، ص: 44-45.

2. ينظر: يقطين سعيد، انفتاح النص الروائي، ط2، المركز الثقافي العربي، الدار البيضاء - بيروت، ص(103-108).

والمتتبّع لحركة التّأليف المسرحي منذ نشأتها، يجد أن هناك صلة وثيقة بين التاريخ والمسرح، فقد شكل التاريخ مصدراً للإلهام المسرحي منذ العصر الإغريقي، وهذا ما يبدو واضحاً في موقف (أرسطو طاليس) حينما ذهب إلى أن العملية المسرحيّة تعبير عن "أفعال النّاس ما بين أفعال خيّرة، وأفعال شرّيرة، أو أداء أو موضوع، أو موقف إنسانيّ، وتمثيله، أي أنّها تحاكي وتصوّر شريحة بعينها من الحياة، ولكنّها لا تتناول حياة الأشخاص بأكملها، ولا فترات طويلة منها، إنّما تتناول أزمة بعينها، أو حادثة معيّنة من تلك الّتي تحدث في حياة هؤلاء الأشخاص في فترة من الفترات"[1].

وإذا كان الأدب بأنواعه قد اعتمد الواقعة التاريخية ضمن مساحات واسعة من أنشطته الإبداعية، فإنه قد شكل بذلك مورداً خصباً للتوثيق الذي يخدم الحقيقة التاريخية ويصونها من الضياع، وذلك بسبب قدرة الذاكرة البشرية على استيعاب النّص الإبداعي. "إن العلاقة بين التجربة الواقعية والتجربة التاريخية هي علاقة اتصال وانفصال، وهناك شكلان للمسرحية المرتبطة بالتاريخ، الأول: يتمثل في ارتباط الكاتب بالتاريخ، أي التجربة التاريخيّة زماناً ومكاناً، والثاني يمزج فيه الكاتب مزجاً واضحاً ومتعمداً بين التاريخ والواقع، فيتداخلان على نحو يصنع منهما بنية موحدة، فالوعي بالتراث لا تصبح له فعالية حقيقية إلا إذا

---

1. عبد الوهاب شكري، النص المسرحي دراسة تحليلية تاريخية لفن الكتابة المسرحيّة، المكتب العربي الحديث، الإسكندرية، ط1، 1997م، ص.9.

ارتبط بوعي مماثل للواقع، لأنه في هذه الحالة وحدها، يمكن أن ينشأ جدل عميق ومثمر"[1]، إلا أن معالجة الأديب المسرحي لموضوع تاريخي، تقتضي منه أن يختار من الأحداث ما يلائم هدفه، ويترك ما لا يفيده من تلك الأحداث، وينبغي أن يكون توظيفه لهذه الأحداث التاريخية نابعاً من ضرورات فنية، وليست من قبيل الترف العقلي.

إنّ توظيف التّاريخ في المسرح هو إجراء هادف ومقصود، يلجأ إليه الأديب المسرحي، ويقدمه بشكل واع لتقديم أفكار وتصوّرات لا تنفصل عن ثنائية الأصالة والمعاصرة، حيث يتم "شحنها برؤى فكريّة جديدة لم تكن موجودة في نصوصها الأصليّة"[2]، وحينما يلجأ المؤلّف إلى التّاريخ، فعليه أن يدرك بأن نجاحه مرهون بمدى تعامله مع الأحداث وآلية تصويره للشّخصيّات التاريخية، التي يجب "أن يتعامل معها على أنّها مادّة قابلة للتجدّد والانبعاث"[3]، حيث يحاول الأديب المسرحي من خلال ذلك، التعامل مع التراث التاريخي، لحمل قضايا راهنة، تخصّ الإنسان المعاصر، مع إطلاق العنان لخياله بما يتوافق مع الحقائق التاريخيّة، ولا يتنافى في الوقت نفسه مع المعقول من الأحداث.

1. العشري أحمد، المسرحية السياسية في الوطن العربي، دار المعارف، القاهرة، 1985م، ص90.

2. بوشعير الرشيد، دراسات في المسرح العربي المعاصر، دار الأهالي، دمشق، ط1، 1997م، ص45.

3. عمارة محمد، نظرة جديدة إلى التّراث، دار قتيبة، بيروت، ط2، 1988م، ص8.

ويشكل تطويع الموروث في الأدب؛ سواء كان مسرحية أو رواية أو أي جنس آخر، ركيزة للخلق الفني، شريطة أن يكون هذا التطويع إبداعيّاً، دون مسخ التراث أو الدلالات الرمزية أو الأسطورية له. وندرك أن الأشياء والحوادث التي نراها على المسرح، وراءها أشياء، أو هكذا ينبغي أن يكون الأمر، فالعامل المسرحي يتمثّل في تحقيق هذين العنصرين: العنصر العملي والعنصر الإدراكي[1].

إن استلهام التاريخ في المسرحية، يرتكز على الجوانب الابداعية للأديب، ومدى قدرته على توظيف خياله دون الالتزام بجزئيات الحادثة التاريخية بالشكل الدقيق، الذي من شأنه أن يفقد العمل مصداقيته الفنية، التي لن تتحقق إلا بتوفر قدر من الحرية، ويمكن القول إن "المسرحية التاريخية التي تتخذ من التاريخ مصدراً لها، لا يمكن أن تعد بحثاً تاريخيّاً، ولا يمكن أن تقوم بقدر ما فيها من حقائق التاريخ.. إنها عمل فني لا يمكن أن يقوم إلا بما يملك من حرية"[2]، وكلّما ارتقى المؤلف في تعامله مع التّاريخ إلى درجة الإتقان، اقترب من درجة الإبداع في استلهام المعطى التاريخي، وهنا عليه أن يفصل بين مهمة المؤرخ ومهمة الكاتب المسرحي الذي ينظر إلى المسرحية التاريخية على أنها "ليست

---

1. يونس محمد عبد الرحمن، تأثير ألف ليلة وليلة في المسرح العربي المعاصر، دار الكنوز، بيروت، ط1، 1995، ص86.

2. محبك أحمد زياد، المسرحية التاريخية في المسرح العربي المعاصر، دار طلاس، دمشق، ط1، 1989، ص23.

مقصودة لأحداثها أو لسرد شخصياتها المعروفة، ولكن لبيان رموزها والقصد من كتابتها"[1].

والكاتب المسرحي الذي ينهل من التاريخ، لا تكون غايته استعادة حكاياته الغابرة، وإنما هو يسعى إلى اختيار التجربة، التي تصلح للتعبير عن مشكلة إنسانية أو اجتماعية تشغله، فلا يجوز توظيف التاريخ دون الإفادة منه في تقديم قضايا الإنسان، لأن المؤلف يصبح في هذه الحالة مؤرّخاً لا فنّاناً، فالفنان يقوم "بمحاولة تصوير التجارب التاريخية الماضية، برؤية جديدة مرتبطة بالأحوال الاجتماعيّة والسّياسيّة، التي يعيش فيها كتّاب مسرح الإسقاط المعاصرون"[2]، وهم من خلال نصوصهم؛ قد يمتدون بحركة التاريخ ضمن رؤية مستقبلية، هدفها نقد الحاضر والتنبيه لخفايا المستقبل.

إن المعالجة المسرحية للتاريخ، تقوم على إعادة إنتاجه من جديد برؤى معاصرة، وهو بذلك إنما يتحرر من القواعد التاريخية، التي تفرض نفسها على طبيعة عمل المؤرخ، الذي "يعتمد الظواهر الاجتماعية في صورها المطلقة، والتي تتخذ التراث أحداثاً ووقائعَ ليست لها خصائص إنسانية محددة.. أما كاتب الدراما فيتخذ من تلك المرحلة مادة، لكي ينطلق منها إلى

---

1. إسماعيل سيد علي، أثر التراث العربي في المسرح المعاصر، دار قباء للطباعة والنشر والتوزيع، القاهرة، د ط، د ت، ص55.
2. العشري أحمد، مقدّمة في نظريّة المسرح السّياسي، الهيئة المصريّة العامّة للكتاب، ط1، 1989م، ص142.

آفاق إنسانية أوسع وأرحب، وبذلك يتحول العمل المسرحي إلى عمل إنساني خالد، يصلح لكل زمان ومكان"[1].

وحين يتعامل الكاتب المسرحي مع التاريخ لا يتقيد بالموضوعية، وإنما يترقبها من بعيد، تاركاً المساحة التي تفصله عنها، لكي تشغلها مشاعره الذاتية، وفق إحساسه ومنطق تفكيره، ومهما التزم بحقائق التاريخ، يبقى العنصر الشخصي المتميز من مقوماته التي لا غنى عنها في أي أثر أدبي، وليس عليه أن يصور الحقائق التاريخية كما هي؛ بل كما يراها ويعتقدها، لأن غاية الفن؛ الإيحاء والتأثير، لا السرد والتقدير، وليس من طبيعة المسرحية أن تنقل الخبر، بل أن تنفعل به، فهي ليست تاريخاً، إذ إن الأديب يمتاز عن المؤرخ والعالم، بأن عباراته مشحونة بالإيحاء والإثارة والانفعال، وإذا كان المؤرخ يتعامل مع التاريخ وفق وجهة نظره الخاصة، فإن الكاتب مطالب بجزء من الذاتية في عمله الفني، ورغم حرية الكاتب في التصرف بالمادة التاريخية، فإنه لا ينبغي له تشويه وتحوير وقائع التاريخ، فالكاتب يبحث عما يخدم موضوعه ويغنيه، دون تزييف الحقائق بما يخل بالمعرفة[2].

<hr>

1. حسين محمد عبد الله، ظاهرة الانتظار في المسرح النثري، الهيئة المصرية العامة للكتاب، القاهرة، د ط، 1998م، ص418.

2. ينظر: هنشيري إيمان، الموروث التاريخي في مسرح سعد الله ونوس، رسالة ماجستير غير منشورة، جامعة باجي مختار، عنابة، كلية الآداب والعلوم الإنسانية، 2011م، ص4.

إن علاقة كاتب ما بالتاريخ، ليست شيئاً خاصّاً ولا معزولاً، إنها عنصر مهم من العناصر التي تؤلف علاقته بكامل الواقع، ولا سيما المجتمع، وهذا لا يعني طبعاً أن علاقة الكاتب بالتاريخ يمكن أن تساوى ميكانيكيّاً بعلاقته بالمجتمع المعاصر، بل بالعكس، يوجد تفاعل معقد جدّاً بين علاقته بالحاضر، وعلاقته بالتاريخ، إلا أن فحصاً نظريّاً وتاريخيّاً أدق لهذه العلاقة، يبين أن علاقة الكاتب بمشاكل الحاضر الاجتماعية حاسمة[1]، وهذا الموقف يستدعي من المؤلف المسرحي عدم العبث بحقائق التاريخ في سبيل خدمة غرضه الفني، لكنه ليس ملزماً بالتقيد بتلك الحقائق وعدم الخروج عليها، لكونه لا يكتب بحثاً تاريخيّاً، وإنما عملاً إبداعيّاً يقدم من خلاله فكرة جديدة خلاقة ترتبط بالواقع.

إن الأحداث التاريخية تعين الكاتب أكثر مما تعينه أحداث الجيل المعاصر، لأن أحداث التاريخ قد تبلورت على مر الأيام، فاستطاعت أن تنزع عنها الملابسات والتفاصيل التي ليست ذات بال، من حيث الدلالات التي يتصيدها الكاتب للوصول إلى الهدف الذي يسعى إليه في عمله الفني[2]، فالمؤلف يتناول موضوعاً تراثيّاً، ويبدع من خلاله عالماً جديداً ومختلفاً نوعا ما، عن معطيات الحدث التراثي، وذلك كي ينتج منظومة أدبية جديدة، وفقاً لرؤيته في قراءة التراث، ومن ثم تقديم عمل فني،

---

1. لوكاش جورج، الرواية التاريخية، ص241.

2. باكثير علي أحمد، فن المسرحية من خلال تجاربي الشخصيّة، معهد الدراسات العربية العليا، القاهرة، ط2، 1964م، ص39.

يرتبط بالحاضر "فإذا سقط ظل التاريخ علينا، من خلال الدراما التي تستحضر جوهره، فإن هذا الظل لا بد أن يكتسب لون العصر الذي سقط عليه"[1].

وفي ضوء ذلك، حقق المسرح العربي تفاعلاً مع أحداث الماضي، واتجه الكاتب المسرحي إلى التصرف في المادة التاريخية، طبقاً للرؤية الفكرية التي يريدها، وبالتالي؛ فهو يعيد بناء الأحداث حسب ما يراه مناسباً لقضيته الاجتماعية أو السياسية أو التعليمية أو التربوية التي يعالجها، فالتاريخ كان دائماً مادة غنية للأدب عموماً، وللمسرح خصوصاً، لأن الماضي يكون أكثر طواعية في يد الفنان المسرحي، الذي يختار ما يشاء من أحداثه وشخصياته، لتقديم رؤية إبداعية لأحداث غالباً ما تكون راسخة في أذهان الشعوب، "فالإنسان يحب أن يسمع الحكايات التي يعرفها، وأن يرى بعين الخيال أو بعين التشخيص أشخاصاً رسخوا في ذاكرته، فالتاريخ أحد أسباب قبول الشعب لهذا الفن"[2]، وعند توظيف المبدع المسرحي للشخصية التاريخية، فمن الضروري هنا ألا تفقد قيمتها، فلا يمكن إلصاق صفة الجبن بشخصيّة اشتهرت بالشّجاعة والإقدام كشخصية عنترة بن شداد، كما أنّ استعادة الأحداث والشّخصيّات، يستدعي إجراء تعديلات

---

1. خشبة سامي، شخصيات من أدب المقاومة، دار الآداب، بيروت، 1970م، ص38.

2. بلبل فرحان، مراجعات في المسرح العربي منذ النشأة حتى اليوم، اتحاد الكتاب العرب، دمشق، 2001، ص37.

تحمل مضامين فكرية وجمالية، ذات رؤية تتجاوز حدود النقل للمعطى التاريخي.

إن مهمة الكاتب المسرحي هنا، هي تقديم منتج إبداعي، يتخذ من الماضي وسيلة لمعاينة الحاضر، مستعيناً بخبرته الإنسانية في استحضار جوهر التاريخ بما يتلاءم مع طبيعة المشكلات المعاصرة، وعند استلهام الشخصيات التاريخية في المسرح، فإنه يتم استعارتها وتشخيصها على أساس أنها تنتسب إلى كل الأزمنة، وقد تصبح ذات صفة لا زمانية ولا مكانية، وهذه الرؤية الحداثية للواقع والرموز التاريخية، تجعل التاريخ ماثلاً؛ ليس بوصفه تاريخاً، ولكن بوصفه واقعة قابلة للاستثمار الرؤيوي والإيديولوجي بشكل يخدم الواقع المعيش أكثر مما يخدم الماضي، "وقد حاول كل كاتب أن يضيف لشخصية بطله جانباً، أو يعيد اكتشاف جوانب أخرى سكت التاريخ عنها"[1]، فالشخصية التاريخية تحمل مجموعة من القيم الفكرية والأخلاقية والفنية، ويمكن من خلالها التعبير عن مضامين فكرية وجمالية على ضوء مقتضيات اللحظة التاريخية الراهنة، ومستلزمات الواقع الاجتماعي، وعلى الرغم من طابعها التراثي وهويتها الماضوية، إلا أن قدرة الشخصية التاريخية على التعبير عن الواقع في راهنيته تبدو ملفتة؛ وكأنها تنتمي فعلاً إلى لحظتها التاريخية، ومما ساعد على ذلك؛ نمطيتها في تعاملها، وفي تصوراتها للقضايا والمشكلات التي تؤسس للأحداث المسرحية.

____

1. فايز تامر، تحولات الشخصية التاريخية في المسرح المصري المعاصر، ص91.

إن توظيف التاريخ يمكن أن يحقق من خلال أشكال الفرجة المسرحية والظواهر الدرامية، رهان الحداثة والتجديد، التي من شأنها الوقوف في وجه المحاولات الرامية إلى طمس الهوية العربية الإسلامية، وترسيخ قيم فكرية وفنية وجمالية تتجاوز التقليد والاستنساخ المبرمج للمنتج المسرحي الغربي، وذلك بهدف تأسيس حوار نقدي جدلي مع التراث ومعطياته، في محاولة لتأصيل المسرح العربي.

وفي ضوء ما تقدم يمكن القول إن تقنيّات توظيف التّراث التّاريخي في المسرح، تقسم إلى ما يلي:[1]

1- التّوظيف الطّرديّ: يتمثّل في توظيف الأحداث التّاريخيّة والشّخصيّات دون تغيير في مسار الأحداث، فالكاتب لا يتصرّف في المادّة التّاريخيّة، ولا يغيّر شيئاً ممّا اشتهرت به الشّخصيّة الموظّفة، فيلجأ الكاتب إلى هذا النّوع من التّوظيف للمحافظة على الواقعة التّاريخيّة، وهذا ما أكّده (عبد الكريم برشيد) حينما وضع بعض الشّروط للتّعامل مع التّراث التّاريخيّ، منها الالتزام بالوقائع التّاريخيّة كما ذكرها المؤرّخون في كلّيّاتها وجزئيّاتها كما في مسرحيّات: (صلاح الدّين الأيوبي) لنجيب حداد، و(قمبيز) و(مصرع كليوباترا) لأحمد شوقي، و(المروءة

---

1. ينظر: أحمد دين الهناني، تجليات التراث التاريخي في المسرح الجزائري قبل الاستقلال، قراءة تحليلية في آليات التوظيف، الجزائر، مركز جيل البحث العلمي، مجلة جيل الدراسات الأدبية والفكرية، العدد 53، 2019م، ص74.

والوفاء) لخليل اليازجي، الّتي اعتمد فيها مؤلّفها على الحقائق التّاريخيّة المستمدّة من كتب التّراث العربيّ، ككتاب (الأغاني) للأصفهاني.

2ـ التّوظيف العكسي: وفيه يعطي المؤلّف بعض الملامح والسّلوك لشخصيّاته، التي تتناقض مع مدلولها التّاريخيّ، ويركّز على الصّفة الرّئيسة الّتي اشتهرت بها في التّاريخ، وبهذا التّغيير يحسّ المتفرّج بالمفارقة بين الصّفات القديمة، والصّفات الّتي أعطاها لهذه الشّخصيّة، ومن أمثلة ذلك مسرحية (عنتر الحشايشي) 1930م للكاتب الجزائري (علالو)، ومسرحية (عنبسة) لأحمد رضا حوحو، التي تناولت شخصيّة ظهرت في بداية حكم المسلمين للأندلس، فقد لعب دوراً سياسيّاً، كما أنّه قائد مشهور في أوائل القرن الثّاني للهجرة، وقد أقنع الحكّام الأمويّين بدمشق بحنكته، وقيادته فنصّبوه والياً. لكن أحمد رضا حوحو جعل منه خادماً لأحد الأمراء (ابن حفصون)، ويساهم معه في عمليّة انتقام دنيئة من ملكة غرناطة، كما جرّده من كلّ الصّفات الحسنة، وصنع منه نموذجاً للشّرّ، حيث فتن الملكة، وهو يعلم أنّها متزوّجة، فجعلته كبير الوزراء رغم علمها بعدم كفاءته واستحقاقه لهذا المنصب، وفي النّهاية يرتكب جريمتين بقتله لسيّده، وقتله نفسه خوفاً من اكتشاف أمره.

3ـ التّوظيف الاسميّ: وفيه يستغلّ المؤلّف اسم شخصيّة تاريخيّة مشهورة، فيجعله عنواناً لعمله المسرحيّ مع تغيير

الأحداث، والشّخصيّات الثّانويّة الأخرى، كما يستطيع المؤلّف استعارة الصّفات الفيزيولوجيّة للشّخصيّة التّاريخيّة، مع تغيير اسمها، والمتلقّي يدرك بذاكرته قصّة هذه الشّخصيّة التّراثيّة بمجرّد ذكر اسمها، أو مشاهدة ملامحها الخارجيّة على خشبة المسرح، فدلالة العنوان تمارس سلطة على تأويل المتلقّي للعمل، وهذا التّوظيف نجده في مسرحيّة (لونجا الأندلسيّة) لرشيد القسنطيني، الّتي أوجد فيها شخصيّات وهميّة، وقدّمها بطريقة مغايرة للتّاريخ، وفي إطار التّوظيف الاسميّ، يلجأ المؤلّف إلى تغيير بعض الأسماء التّاريخيّة، لغرض الجمع بين شخصيّات لم تعش في زمن واحد، حتّى لا يقع في التّدليس التّاريخيّ، وهذا ما لجأ إليه (علالو) في مسرحيّة (جحا)، فمن النّاحية التّاريخيّة لم يعش (جحا) في زمن هارون الرّشيد، ولكي يجمع بينهما في عمل فنّيّ، عمد المؤلّف إلى التّغيير، والتّصرّف في أسماء الشّخصيّات، فهارون الرّشيد أصبح (قارون الرشيد)، و(جعفر البرمكي) أصبح (جعفر المهري)، و(مسرور) أصبح (مهرو)، و(المأمون) أطلق عليه اسم (ميمون).

ثانياً: صورة الخليفة هارون الرشيد بين التاريخ والأدب

ورد في كتب التاريخ أن الخليفة هارون الرشيد هو "أبو جعفر هارون بن محمد المهدي بن أبي جعفر المنصور، وهو الخليفة العباسي الخامس، ولد في مدينة الري عام (149هـ/766م)، وتوفي في مدينة طوس (مشهد اليوم) عام (193هـ/809م). بويع بالخلافة ليلة الجمعة التي توفي فيها أخوه موسى الهادي عام 170 هـ، وكان عمره آنذاك 22 سنة"[1].

يعد الخليفة هارون الرشيد أحد ركائز الفترة الذهبية في حكم الدولة العباسية في بغداد، والتي قامت على أنقاض الدولة الأموية، وقد شكل هذا الحدث ثورة شاملة في التاريخ الإسلامي، ومنعطفاً هامّاً في مسيرة دولة الخلافة، كان له أثره في شتى نواحي الحياة، وقد بدأ حكم الخلافة العباسية بالقوة والشدة والبطش بالمخالفين من أجل التأسيس للدولة وتحقيق الاستقرار، حيث تولى الخلافة أبو العباس السفاح، ليأتي من بعده أخوه أبو جعفر المنصور الذي بنى مدينة بغداد، وتشكّلت ملامح الدولة في عصره، ثم المهدي محمد بن أبي جعفر المنصور، الذي أنجب موسى الهادي وهارون الرشيد، وقد عُرف عن الهادي غضبه

---

1. الطبري، أبو جعفر محمد بن جرير، تاريخ الرسل والملوك، تحقيق: محمد أبو الفضل إبراهيم، دار المعارف بمصر، ط2، ج8، ص230.

وانفعاله ومحاولته قتل أخيه هارون، لكنه سرعان ما توفي بعد عام واحد من تقلده الخلافة، ليخلو الطريق أمام الرشيد الذي تسلم زمام السلطة في عام (170هـ/ 786م).

ومما يؤشر حول سيرة الخليفة الرشيد، أنه قد تعرض لحملات منظمة من الدس والطعن والتشهير، وهي في مجملها لا تخرج عن كونها من حملات الكذب والافتراء، وقد أنكر عليه معارضوه وأعداؤه اهتمامه الكبير بالقضاء، لأنه أساس الملك، وعنايته بالعلم والعلماء بل واهتمامه بالدولة الإسلامية وبناء قدراتها العسكرية، وتمكينها من أداء مسؤوليتها التاريخية والقيام بدورها الحضاري.

قاد هارون الرشيد الحج وهو خليفة ثمانيَ مرات، وقيل تسعاً، وكان يغزو أعداء الإسلام، مثل الروم، أوt يرسل من يغزوهم لعداوتهم للمسلمين أو لمواقفهم المتقلبة، وأرسله أبوه الهادي ليغزو الروم عام 165هـ، وهو دون العشرين من العمر، فنزل على الخليج، ثم خرج إلى قرم المصيصة ومسجدها، فقوى أهلها وبنى القصر الذي عند جسر أذنة على نهر سيحان[1]، وفي عام 181هـ غزا هارون الرشيد الروم، وفيها أمر أن يكتب في صدر

____

1. ينظر: ابن خياط، أبو عمر خليفة، الطبقات، تحقيق: أكرم ضياء العمري، مطبعة العاني، بغداد، ط1، 1967م، ج1، ص: (447-448). وينظر: البلاذري، أبو العباس أحمد بن يحيى بن جابر بن داوود البغدادي، فتوح البلدان، تحقيق: عبد الله أنيس الطباع وعمر أنيس الطباع، مؤسسة المعارف للطباعة والنشر، بيروت، د ت، ج1، ص172.

الرسائل التي يرسلها "الصلاة على رسول الله صلى الله عليه وسلم، بعد الثناء على الله عز وجل، وفيها حج بالناس[1].

وحول موقف الرشيد من الجهاد، أورد (الخطيب البغدادي)، نقلاً عن (إبراهيم بن الجنيد)، بأنه سمع (علي بن عبد الله) يقول: "قال أبو معاوية الضرير: حدثنا هارون الرشيد بهذا الحديث، يعني قول النبي صلى الله عليه وسلم، وددت أني أقتل في سبيل الله ثم أحيا ثم أقتل، فبكى هارون حتى انتحب ثم قال: يا أبا معاوية، ترى لي أن أغزو؟ قلت يا أمير المؤمنين: مكانك في الإسلام أكبر ومقامك أعظم، ولكن ترسل الجيوش. قال أبو معاوية وما ذكرت النبي صلى الله عليه وسلم بين يديه قط إلا قال صلى الله على سيدي"[2].

وقد كثرت الروايات التي عبرت لنا عن ورع (الرشيد) ومخافته من الله عز وجل، وحرصه على أحوال الرعية، ومن بينها ما رواه "ابن عساكر عن إبراهيم المهدي؛ قال كنت يوماً عند الرشيد فدعا طباخه فقال: أعندك في الطعام لحم جزور؟ قال: نعم ألوان منه. فقال: أحضره مع الطعام. فلما وضع بين يديه أخذ لقمة منه فوضعها في فيه، ثم علم أنها تكلفه مبلغاً كبيراً من ميزانية الدولة، لأنه طلب لحم الجزور، قبل مدة طويلة، فلم يجدوا. فقرر وزيره جعفر أن يوفرها يوميّاً حتى يجده الخليفة إن

____

1. ابن كثير، عماد الدين أبو الفداء إسماعيل، البداية والنهاية في التاريخ، القاهرة، د ط، 1932-1939م، ج10، ص177.

2. الخطيب البغدادي، أبوبكر أحمد بن علي، تاريخ بغداد، تحقيق: مصطفى عبد القادر عطا، دار الكتب العلمية، بيروت، 2011م، ج14، ص7.

طلبها، وبهذا كانت تكلفة تلك اللقمة هي أثمان الجزور المذبوحة يوميّاً لمدة طويلة، والتي لم يطلب منها شيئاً إلا ذلك اليوم. فلما أعلمه بذلك جعفر، بكى هارون الرشيد بكاء شديداً وأمر برفع السماط من بين يديه، وأقبل على نفسه يوبخها؛ ويقول هلكت والله يا هارون، وأمر بصدقات لفقراء الحرمين وبغداد تكفيراً عن ذلك"[1].

وورد عند السيوطي أنه كان يصلي في خلافته في كل يوم مائة ركعة إلى أن مات، لا يتركها إلا لعلة، ويتصدق من صلب ماله كل يوم بألف درهم، وكان يحب العلم والعلماء وكان يبكي عند وعظه[2].

وتذكر الروايات التاريخية أن (الرشيد) قد تتلمذ وأخذ علومه من خلال عدد من كبار العلماء، كان من بينهم: المفضل الضبي، حمزة الزيات، الكسائي، وغيرهم.. ولم يكتف الرشيد بذلك، "بل رحل لطلب العلم إلى الإمام مالك بن أنس، وسمع منه الموطأ"[3].

وكان (الرشيد) شديد الاهتمام بالعلم والعلماء، وبالفقه والفقهاء ومجالسهم، "وبلغ من حب الرشيد للعلماء أن قسم ليله إلى سبع ليال، وخصص منها ليلة للعلماء والفقهاء، يذاكرهم ويدارسهم

1. ابن كثير، عماد الدين أبو الفداء إسماعيل، البداية والنهاية في التاريخ، ج10، ص216.
2. السيوطي، جلال الدين عبد الرحمن، تاريخ الخلفاء، دار ابن حزم للطباعة والنشر والتوزيع، بيروت، ط1، 2003م، ص(228-237).
3. الخطيب البغدادي، تاريخ بغداد، ج14، ص13.

الفقه، وكان من أعلمهم"[1]، واهتم (الرشيد) بالشعر والشعراء، وكان يستمع إليهم في مجالسه ويكرمهم، "وكثيرا ما كان يطلب أبا العتاهية ليستمع إلى أشعاره في الزهد"[2]. وقد نشطت الحركة العلمية وحركة الترجمة في زمنه نتيجة لرعايته. وكان قبل توليه الخلافة يجالس العلماء والزهاد، فقد كان مؤاخياً للفقيه الكوفي سفيان الثوري[3]. وقد عرف عنه ورعه وكرمه، فقد كان يكرم العلماء والصالحين والقراء الجيدين، وكان حريصاً على تربية أولاده تربية دينية صحيحة، فقد أمر أحد رواة الحديث وهو (إسماعيل بن عياش) بأن "يُحفِّظ المأمون أحاديث نبوية، فحفَّظه أكثر من أربعين حديثاً في جلسة واحدة"[4].

واهتم (الرشيد) بالغناء والمغنين، وجعلهم في مراتب وطبقات. وكثيراً ما كان يتابع أخبارهم ويسأل عنهم، فقد سأل إبراهيم الموصلي كيف يصوغ الألحان[5]. ومن الملاحظ أن (الرشيد) كان صاحب ثقافة عالية، وحول ذلك أورد أبو عبد الله محمد

1. ابن قتيبة، الإمامة والسياسة، تحقيق: طه محمد الزين، دار المعرفة، بيروت، د ت، ج2، ص156.

2. الحميدي، أبو عبد الله محمد بن نصر، الذهب المسبوك في وعظ الملوك، تحقيق: أبو عبد الرحمن بن عقيل الظاهري، عالم الكتب، الرياض، ط1، 1981م، ص216.

3. الخطيب البغدادي، تاريخ بغداد، ج4، ص403.

4. الجهشياري، أبو عبد الله محمد بن عبدوس، كتاب الوزراء والكتاب، تقديم: حسن الزين، دار الفكر الحديث للطباعة والنشر، بيروت، 1988م، ص166.

5. مهنا، عبد الأمير، أخبار المغنين في الجاهلية والإسلام، دار الفكر اللبناني، بيروت، ط1، 1990م، ص(30-31).

بن العباس المصري أنه سمع (الرشيد) يقول: "طلبت أربعة فوجدتها في أربعة، طلبت الكفر فوجدته في الجهمية، وطلبت الكلام والشغب فوجدته في المعتزلة، وطلبت الكذب فوجدته عند الرافضة، وطلبت الحق فوجدته مع أصحاب الحديث"[1].

ومما عرف عن (الرشيد) عدله في تصريف أمور الرعية. ففي سنة 175 هـ، سار الرشيد إلى الري بعد أن ورد إليه ما حاق بأهلها من ظلم، فقد ولى علي بن عيسى بن ماهان على خراسان، فظلم أهلها وأساء السيرة فيهم، فكتب كبراء أهلها وأشرافها إلى الرشيد يشكون سوء سيرته وظلمه واستخفافه بهم وأخذ أموالهم، وقيل للرشيد أن علي بن عيسى قد أجمع على الخلاف، فسار إلى الري في طريقه إلى خراسان في جمادى الأولى ومعه ابناه عبد الله المأمون والقاسم ليتحقق من الأمر، وينصف أهلها[2].

وذُكر أن يهوديّاً كانت له حاجة عند (الرشيد)، فحضر إلى بابه مرات فلم يتمكن من مقابلته، ووقف يوماً على الباب فلما خرج هارون سعى ووقف بين يديه وقال: اتق الله يا أمير المؤمنين، فنزل هارون عن دابته وخر ساجداً لله، فلما رفع رأسه أمر بحاجته فقضيت له، فلما رجع قيل يا أمير المؤمنين

1. الخطيب البغدادي، أبو بكر أحمد بن علي بن ثابت البغدادي، شرف أصحاب الحديث، تحقيق: محمد سعيد خطيب أوغلي، جامعة أنقرة، كلية الإلهيات، 1389هـ/1969م، ج1، ص55.

2. ابن الأثير، عز الدين أبو الحسن علي بن محمد الجزري الشيباني، الكامل في التاريخ، تحقيق: أبو صهيب الكرمي، بيت الأفكار الدولية/ المؤتمن للتوزيع، السعودية، د. ت، ج5، ص338.

نزلت عن دابتك بقول يهودي؟ قال: لا، ولكن تذكرت قول الله تعالى {وإذا قيل له اتق الله أخذته العزة بالإثم فحسبه جهنم ولبئس المهاد}، وقال قتادة ذُكر لنا أن النبي صلى الله عليه وسلم قال إذا دعيتم إلى الله فأجيبوا وإذا سئلتم بالله فأعطوا فإن المؤمنين كانوا كذلك[1].

عرف عن هارون الرشيد أنه كان في جهاد أو في حج دائم، فقد عرف عنه في حياة أبيه أنه سجل انتصارات على الروم فلقبه أبوه بالرشيد، "وأغزى هارون الرشيد ابنه القاسم الروم، فقتل منهم خمسين ألفاً، وأخذ منهم خمسة آلاف دابة بالسروج واللجم والفضة، وأغزى علي بن عيسى بن ماهان بلاد الترك فقتل منهم أربعين ألفاً، وغزا هو بنفسه بلاد الروم ففتح هرقلة وأخذ الجزية من ملك الروم"[2].

ومن غزواته، بعد تولي الخلافة، غزوته للروم عام 190هـ، فحينما نقض نقفور إمبراطور الروم الصلح الذي بين الروم والمسلمين؛ والذي وقعه المسلمون مع إمبراطورة الروم ريني في عام 187هـ، كتب نقفور إلى الرشيد: "من نقفور ملك الروم، إلى هارون ملك العرب، أما بعد، فإن الملكة التي كانت قبلي، أقامتك مقام الرّخّ، وأقامت نفسها مقام البيدة، فحملت إليك

1. ينظر: السمرقندي، أبو الليث نصر بن محمد بن إبراهيم الفقيه الحنفي، بحر العلوم تفسير السمرقندي، تحقيق: د. محمود مطرجي، دار الفكر، بيروت، 1993م، ج1، ص163.

2. ابن كثير، عماد الدين أبو الفداء إسماعيل، البداية والنهاية في التاريخ، القاهرة، 1932-1939م، د ط، ج10، ص186.

من أموالها ما كنت حقيقاً بحمل أمثاله إليها، لكن ذلك ضعف النساء وحمقهن، فإذا قرأت كتابي فاردد ما حصل قبلك من أموالها، وافتد نفسك بما يقع به المصادرة لك، وإلا فالسيف بيننا وبينك"[1].

فلما قرأ هارون الرشيد الكتاب غضب أشد الغضب، ورد عليه بكتاب شديد اللهجة يقول فيه: "من هارون أمير المؤمنين إلى نقفور كلب الروم، قد قرأت كتابك يابن الكافرة، والجواب ما تراه لا ما تسمعه، والسلام.. ثم سار إليه حتى أناخ بباب هرقلة، ففتح وغنم، وخرب وحرق، فطلب نقفور الموادعة على خراج يؤديه في كل سنة، فأجابه إلى ذلك"[2].

وفي مرة خرج الرشيد يريد الشام، فلما بلغه قتلُ أحد عماله على منطقة ملاصقة لبلاد الروم، مضى إلى الثغر، وأغزى هرثمة من أعين بلاد الروم. وكان أمر ببناء طرطوس في سنة 171هـ، فأحكم بناءها وجعل لها خمسة أبواب، وبنى حولها سبعة وثمانين برجاً، ولها نهر عظيم يشق في وسطها، عليه القناطر المعقودة[3].

ومن الملاحظ أنه في عهد (الرشيد)، تم فتح الكثير من

1. الطبري، أبو جعفر محمد بن جرير، تاريخ الرسل والملوك، ص(307-308).
2. المصدر نفسه، ص308.
3. اليعقوبي، أحمد بن أبي يعقوب بن أبي جعفر بن جعفر بن وهب بن واضح الكاتب العباسي، تاريخ اليعقوبي، تحقيق: عبد الأمير مهنا، دار صادر، بيروت، د ت، ج2، ص410.

البلدان، وبناء عدد من المدن، واتسعت رقعة الإسلام واستتب الأمن، وعم الرخاء، وكثر الخير الذي لا نظير له، وبذلك دخلت الدولة العباسية معه عصراً جديداً من التقدم، استمر زهاء ما يقرب من ثلاث وعشرين سنة، وكان هذا جانباً من الجوانب المشرقة التي اتصف بها الخليفة هارون الرشيد، إضافة إلى اهتمامه بالعلم والعلماء، وتطوير القضاء وبناء الجيش وحفظ دولة الخلافة ومقدراتها، لكن من أشهر الأمور التي أُخذت على هارون الرشيد هي مواجهته للعلويين، حتى وصمه خصومه في هذه المسألة بالشدة والقسوة، واتهموه بالطغيان، فبعد أن تسلم منصب الخلافة، وجد من الضروري التخلص من التحديات الداخلية، وعلى رأسها المعارضة العلوية الطالبية، التي لم ترض في أغلبها بصعود بني أعمامهم العباسيين إلى عرش الخلافة، وقد رأوا أنهم الأحق بالخلافة منذ استشهاد الحسين بن علي رضي الله تعالى عنه في موقعة كربلاء زمن يزيد بن معاوية.

كان الطرفان قد اتفقا على مواجهة الأمويين، وكانت العلائق بينهما على ما يرام زمن الثورة، مما جعل عامة الناس تنضم لها ظنا منهم أن النهاية ستكون تتويجاً لارتقاء آل البيت، ولعب العباسيون على هذا الوتر، ورأوا أنهم أولاد عم رسول الله صلى الله عليه وسلم، فهم ليسوا بعيدين عن هذا الأمر، وحينما تمكنوا من القضاء على الأمويين، سرعان ما تباعدوا في زمن خلافة الخليفة العباسي الأول أبي العباس السفّاح (132-136هـ/750-754م)،

الذي أعلن من معقل الشيعة في الكوفة أن الخلافة عباسية، وستظل عباسية، وأنه ليس لأحد أي حق فيها إلا هم، في إشارة وتعريض بمنافسيهم من الطالبيين[1].

وإذا كانت العلاقة مع الطالبيين من أحفاد علي بن أبي طالب رضي الله تعالى عنه، قد اتسمت بالحذر في عصر أبي العباس السفاح، فإنها قد دخلت في طور الصدام أثناء خلافة أخيه أبي جعفر المنصور، وكان أول الخارجين من الطالبيين على حكم بني العباس، هو محمد بن عبد الله بن الحسن المعروف بالنفس الزكية، وأخوه إبراهيم، وهما من الفرع الحسني، في حين ركن الإمام جعفر الصادق، وهو من الفرع الحسيني إلى المهادنة، واستطاع أن يقنع أتباعه بأن الظروف غير مناسبة لإقامة الخلافة الطالبية، ويبدو أن محمداً كان يدعو إلى نفسه، ويتطلع إلى الخلافة قبل وصول العباسيين إلى الحكم، وأصبح له تأثير وأتباع وشيعة في كلٍّ من الحجاز والعراق وخراسان[2]، ولما تولى أبو جعفر المنصور الخلافة امتنع الأخوان محمد وإبراهيم عن مبايعته، وتواريا عن الأنظار في الحجاز حتى جعل الأول من نفسه خليفة في المدينة المنورة في عام 145هـ/762م، بينما أصبح الثاني خليفة في البصرة، حيث رفع فيها راية الانتفاضة على الخلافة العباسية.

---

1. المصدر نفسه، ص(424-426).

2. ينظر: طقوش، محمد سهيل، تاريخ الدولة العباسية، دار النفائس، بيروت، ط7، 2009م، ص(56-57).

ونتيجة لذلك تدخّل العباسيون بقوة مسلحة في المدينة، وانتهى الأمر بمقتل محمد بن عبد الله ومصادرة أموال بني الحسن، وفي العراق انهزم أخاه إبراهيم ولقي حتفه في معركة وقعت بين الجانبين، في منطقة باخمرا قرب الكوفة، ومنذ ذلك بدأ العباسيون بالبطش بمنافسيهم العلويين الذين أعلنوا العصيان المسلح، لكن الأمور هدأت قليلاً في عصر المهدي بن أبي جعفر المنصور. وفي عصر موسى الهادي بن المهدي، على قِصَر حُكمه، عادت الأمور إلى الاضطراب مرة أخرى، بسبب السياسة العنيفة التي اتبعها الهادي، مما أجبر العلويين على العصيان والخروج المسلح ضد الهادي، بزعامة كبيرهم الحسين بن علي في شهر ذي القعدة سنة 169هـ/786م، فاستولى على المدينة المنورة، واتخذ المسجد النبوي قاعدة له، وحاول استمالة مكة وأهلها، لكن لضعف قوته، لم يبايعه أحد، وسرعان ما جاء جيش الهادي العباسي ليقتله في منطقة (فخ) شمال مكة المكرمة[1]. وقد أسفرت هذه الواقعة عن هرب اثنين من كبار العلويين؛ هما إدريس بن عبد الله العلوي، الذي شكّل نواة الدولة الإدريسية في المغرب الأقصى، وأخوه إبراهيم الذي فر إلى مناطق الديلم جنوب بحر قزوين وحاول إقامة دولة هو الآخر.

وحينما جاء هارون الرشيد، حاول اتباع سياسة جديدة، تقوم على التساهل والتسامح مع الطالبيين، فرفع الحجر عمن كان

---

1. ينظر: الأصفهاني، أبو الفرج علي بن الحسين بن محمد المرواني الأموي القرشي، مقاتل الطالبيين، شرح وتحقيق: أحمد صقر، منشورات الشريف الرضي، 1416هـ، ص366.

منهم في بغداد، وحتى يتلافى محاولات كبار العلويين تفتيت الدولة العباسية بإقامة دويلات مستقلة في المشرق والمغرب؛ قرر هارون القضاء على مشروعهما، وبالفعل استطاع أن يُسقط إبراهيم بن عبد الله العلوي في قبضته ويزج به في السجن، وحاول مرات عديدة القبض على إدريس بن عبد الله نتيجة لخشيته من امتداد نفوذه إلى مصر وبلاد الشام، لكنه فشل في ذلك لتحصنه بين قبائل البربر التي قدّمت له الدعم والتأييد، "فلجأ عندئذ، إلى الحيلة ليتخلص من إدريس، ووقع اختياره على رجل مشهور بالدهاء، هو سليمان بن جرير المعروف بالشماخ، فاستخدمه لاغتياله، وفعلاً تمكن هذا الرجل، من قتل إدريس بالسم في عام (177هـ/793م). ويبدو أن موته لم يقض على دولة الأدارسة، فقد كان متزوجاً من أمة بربرية حملت منه، فانتظر أتباعه حتى وضعت، وكان مولوداً ذكراً، فأسموه إدريس، ولما بلغ الحادية عشرة من عمره ولاه البربر أمورهم وبايعوه بالخلافة، وأضحى المؤسس الحقيقي لدولة الأدارسة في المغرب"[1].

بقي الصراع على الخلافة محتدماً بين الرشيد والطالبيين، وكلما تمكن من القضاء على ثورة، ظهرت ثورة جديدة، فبعد موقعة (فخ) هرب يحيى بن عبد الله إلى بلاد الديلم، وهناك التف حوله الأتباع، وبدأ يهدد سلامة الدولة، فأثار قلق الرشيد الذي

ــــــــــــــــــــ
1. المصدر نفسه، ص(407-408). وينظر: طقوش، محمد سهيل، تاريخ الدولة العباسية، ص93.

لم يتمكن من الوصول إليه بسبب المناعة الطبيعية للمنطقة التي خرج فيها عن بغداد.

واستقر رأي الخليفة على القضاء على حركة يحيى، فندب الفضل بن يحيى البرمكي لهذه الغاية، الذي نجح في استمالته بعد أن حشره إثر انفضاض أتباعه من حوله، فمال إلى الصلح، وكتب له الرشيد أماناً، واستقبله في بغداد. ويبدو أن الخليفة لم يطمئن إلى نية يحيى، وأدت الحاشية دوراً في إفساد العلاقة بينهما، فوضعه تحت رقابة الفضل بن يحيى، وقد أثر يحيى عليه حتى أطلقه بدون علم الخليفة وذهب إلى الحجاز، ثم وصل إلى الرشيد أن يحيى يدعو إلى نفسه في الحجاز، فوافق ذلك ما كان في نفسه، فقبض عليه وسجنه ثم قتله[1].

ومن الشخصيات التي أثارت قلق هارون الرشيد شخصية الإمام موسى الكاظم بن جعفر الصادق، وقد كان الرشيد يراقب تحركات الطالبيين في الحجاز، ولاحظ التفاف الناس حوله، بل إنهم اعتقدوا بإمامته، فكانوا يحملون إليه خمس أموالهم. وذهب العلامة الذهبي إلى أن هارون حين زار المدينة المنورة ووقف أمام قبر النبي صلى الله عليه وسلم، وأشار إليه: السلام عليكم يابْن عم! رد موسى الكاظم -وكان واقفاً- قائلاً: السلام عليكم يا أبتِ. الأمر الذي جر عليه غضب الرشيد الذي رأى أن الكاظم يحط من شأن هارون ونسبه مقارنة به؛ لذا أمر بالقبض عليه

---

1. ينظر: الأصفهاني، أبو الفرج علي بن الحسين بن محمد المرواني الأموي القرشي، مقاتل الطالبيين، ص(393-404).

والزج به في سجن بغداد، وظل الكاظم في سجنه غير مُضيّق عليه حتى توفي عام 183هـ/ 795م[1].

ومن الملاحظ أن جهود الدولة العباسية في عصر الرشيد، قد ركزت على احتواء ثورات الطالبيين أو القضاء عليها، مما اضطر إلى مراقبة كبار قادتهم، وكل ذلك كان بهدف الحفاظ على وحدة دولة الخلافة، ومقاومة حركات العصيان التي يمكن لها أن تؤدي إلى بروز زعامات تنافس العباسيين، ولم تكن تلك الأزمة الوحيدة التي واجهت الرشيد أثناء حكمه، وإنما كانت أكبر نكبة حدثت في عصر هارون الرشيد؛ هي نكبة البرامكة، وقد اختلف الرواة من أمثال ابن الأثير وابن خلكان واليعقوبي وغيرهم حول أسباب تلك النكبة ومجريات الأحداث التي مرت فيها.

لا بد من ذكر شيء عن تاريخ البرامكة، فهم أسرة إيرانية من بلخ، وينسبون إلى برمك، وهو لقب لرئيس سدنة معبد النوبهار في بلخ، وهذا المعبد من المعابد البوذية التي تعبد فيها آلهتهم، أسلم جدهم خالد البرمكي والتحق بالدعوة العباسية، ثم خدم الدولة في عهدي أبي العباس والمنصور، ثم ازداد نفوذ يحيى بن خالد البرمكي في دولة المهدي واتصاله بالخيزران زوجة المهدي وأم الرشيد[2].

1. الذهبي، محمد بن أحمد بن قايماز، تاريخ الإسلام ووفيات المشاهير والأعلام حوادث سنة (651-660هـ)، تحقيق: عمر عبد السلام تدمري، دار الكتاب العربي، بيروت، ط1، 1999م، 4/984.

2. فوزي، فاروق عمر، العباسيون الأوائل، دار مجدلاوي للنشر والتوزيع، عمّان، ط1، 2003م، ص21.

وقد روي بأن خالداً البرمكي قد عُرف بمقدرته الإدارية والمالية، ورجاحة عقله، وبُعد نظره، فلفت إليه أنظار المسؤولين العباسيين، فقلّده الخليفة أبو العباس السفاح ديوان الخراج وديوان الجند، بل ولّاه منصب الوزارة، وبعد وفاة السفاح جعله أبو جعفر المنصور مستشاراً سياسيّاً له، فلمع اسمه في بناء مدينة بغداد، وفي عهد المهدي بقي خالد البرمكي على مكانته السياسية، فعينه المهدي والياً على مقاطعة فارس.

وقد أنجب خالد البرمكي ولده يحيى الذي عرف عنه أنه واسطة عقد البرامكة، ورأسهم المدبر، بل إنه أصبح أكثرهم نفوذاً في إدارة الدولة العباسية، وقد دان الرشيد ليحيى حينما وقف ضد أخيه الهادي لما أراد خلع الرشيد من ولاية العهد؛ لذا آثره هارونُ وقرّبه إليه وفتح المجال أمام أبنائه لاستلام المناصب الرفيعة في الدولة، واستطاع يحيى بمساعدة أولاده؛ الفضل وجعفر أن يدير الدولة العباسية لمدة سبعة عشر عاماً، منذ عام 170هـ حتى سنة 187هـ، في الفترة الأهم والأطول من خلافة هارون الرشيد.

وذكر (الطبري) أن الفضل بن يحيى بن خالد البرمكي ولد قبل الرشيد بسبعة أيام، فجعلت أم الفضل ظئراً للرشيد، فأرضعت الرشيد بلبان الفضل، وأرضعت الخيزران الفضل بلبان الرشيد، ونتيجة لهذه العلاقة، أصبح يحيى بن خالد مربياً لهارون الرشيد على شؤونه، ومرافقاً له في حملاته وسفراته. وقال هارون الرشيد ليحيى بن خالد عندما قلده الوزارة: قد

قلّدتك أمـر الرعيـة، وأخرجته من عنقي إليك، فاحكم في ذلك بما ترى من الصواب، واستعمل من رأيت، واعزل من رأيت، وأمض الأمور على ما ترى، ودفع إليه خاتمه[1].

كان يحيى بن خالد البرمكي مثقفاً وصاحب طموح ليس له حدود، وقد سخر كل هذه المؤهلات لخدمة الخليفة هارون الرشيد من ناحية، وخدمة أهدافه في الوصول إلى مكانة متقدمة في إدارة شؤون الخلافة من ناحية أخرى، "على أن يحيى كان من الذكاء بحيث أشرك الخيزران في الأمور، فكان يستشيرها ويعرض عليها الأمور قبل إصداره، لدرجة أن بعض الروايات تعدّها (النـاظرة في الأمـور)، أمـا الفضـل بن يحيى البرمكي فكان الساعد الأيمن لأبيه في الأمور الإدارية، وتولى إمارة عدة أقاليم، من أهمهـا خراسـان وطبرستان وأرمينية، ولم يكن جعفر بن يحيى البرمكي مثـل أخيـه، بل كـان يحـب الأنـس والطـرب، ويتأنق في مسكنه وملبسه، ولقد قربه الرشيد إلى درجة كبيرة، وعهد إليه بمهام سياسية وإداريـة، وقد أعطاه خاتم الوزارة مرة، ثم أشركه معه في النظر في المظالم، وأمـره بـأن يراقب دور الضـرب، وكتب اسمه على الدنانير بجانب الخليفة، لدرجة أن أحد الرواة ذهب إلى أن في دولة الرشيد دولة ملوكها البرامكة"[2]. وهذا ما يمكن عده بأنه من الأخطاء الكبرى التي وقع بها الرشيد أثناء تسلمه الخلافة، وذلك حينما منح البرامكة

1. ينظر: الطبري، أبو جعفر محمد بن جرير، تاريخ الرسل والملوك، ج8، ص233.
2. فوزي، فاروق عمر، العباسيون الأوائل، ص22.

هذا النفوذ السياسي والإداري، إضافة لمـا اشـتهروا بــه مـن كـرم، جعل مـنهم أسـرة ذات نفوذ ومكانة، جعلت لهم كثيراً من الأتباع والموالين داخل دولة الخلافة. وهكذا استمر نفوذ البرامكة حتى تمكنوا من استلام المراكز العليا كافة في دولة الخلافة، فكبلوا الرشيد ببعض الأمور السياسية، حتى وصل به الحال إلى أنه كان "يحتاج إلى اليسير من المال فلا يقدر عليه"[1]، في الوقت الذي كان فيه البرامكة يسرفون في النفقات، ويتصرفون حسب رغباتهم بإدارة شؤون الدولة.

لكن هذه العلاقة الوثيقة بين الرشيد والبرامكة، ما كان لها أن تستمر إلى الأبد، وتعد نكبة البرامكة وقيام الرشيد بقتل جعفر البرمكي من الافتراءات التي نسبت لهارون الرشيد وامتلأت بها كتب التاريخ، "وملخص القضية كما وردت في بعض كتب التاريخ، أن الرشيد كان لا يصبر عن جعفر وعن أخته العباسـة، وكان يحضرهما إذا جلس للشرب، وذلك بعد أن أعلم جعفراً قلة صبره عنه وعنها، وقال لجعفر: أزوجها لك ليحل لك النظر إليها إذا أحضرتها مجلسي، واشترط عليه ألا يمسها، ولا يكون منه شيء مما يكون للرجل إلى زوجته، وتقول الرواية إن جعفراً لم يلتزم بشرط عدم الدخول بها وأنها حملت منه وولدت غلاماً، فعلم هارون الرشيد بالقصة فقام بقتل جعفر ونكب البرامكة"[2].

1. الطبري، أبو جعفر محمد بن جرير، تاريخ الأمم والملوك، ج8، ص(287-288).

2. عوض الله، الأمين محمد، هارون الرشيد الخليفة المفترى عليه، السودان، جامعة إفريقيا العالمية، مجلة دراسات دعوية، العدد7، 2004م.

لقد تناول (الطبري) قصة الرشيد مع البرامكة وما جاء حولها من أحاديث نقلاً عن عدد من الرواة، الذين لا يمكن أن يؤخذ بروايتهم نظراً لمواقفهم السياسية على الأغلب، فقد أورد لنا رأي المسعودي الذي هو شيعي، ويعده الشيعة من شيوخهم، وكان له موقفٌ معادٍ من العباسيين، لكونه كان يرى بأنهم قد أخذوا حق العلويين في الحكم، فليس بمستغرب أن يشوهوا سيرة هارون الرشيد، ثم إن هذه القصة لا يشير إليها عدد من المؤرخين المعاصرين لعهد هارون الرشيد كالدينوري واليعقوبي.

وقد رد ابن خلدون على هذه الفرية ردّاً مفحماً، ورأى أن من الحكايات المدخولة للمؤرخين ما ينقلونه كافة في سبب نكبة الرشيد للبرامكة، من قصة أخته العباسة مع جعفر بن يحيى بن خالد، وهيهات ذلك من منصب العباسة في دينها وأبويها وجلالها، وهي بنت عبد الله بن عباس رضي الله تعالى عنه، ليس بينها وبينه إلا أربعة رجال؛ هم أشراف الدين وعظماء الملة من بعده، والعباسة بنت محمد المهدي بن محمد عبد الله أبي جعفر المنصور بن محمد السجاد بن علي ابن الخلفاء، وابن عبد الله ترجمان القرآن؛ ابن العباس عم النبي صلى الله عليه وسلم.. وهي ابنة خليفة، أخت خليفة، محفوفة بالملك العزيز والخلافة النبوية وصحبة الرسول صلى الله تعالى عليه وسلم وعمومته، قريبة عهد ببداوة العروبة وسذاجة الدين البعيدة، عن عوائد الترف ومراتع الفواحش، فأين يطلب الصون والعفاف إذا أذهب عنها، أو أين توجد الطهارة والذكاء إذا فقد

من بيتها، أو كيف تلحم نسبها بجعفر بن يحيى وتنسى شرفها العربي بمولى من موالي العجم.. وكيف يسوغ من الرشيد أن يصهر إلى موالي الأعاجم على بعد همته وعظم آبائه[1].

ولا شك أنه كان هناك دور للناقمين من أعداء البرامكة، الذين عملوا على تحريض الرشيد ضدهم، فقد أرسل أحد فقهاء بغداد رسالة للبشير يحذّر فيها الرشيد من البرامكة وأفعالهم، وأنه سيُسأل يوم القيامة عن هؤلاء، لأنه هو الذي رفع مكانتهم، وأصبحوا اليد العليا في الدولة، وقد أثّرت هذه الرسالة في الرشيد، وبدأ يدقق فيما يقومون به، وينزع عنهم ثوب المكانة في قصوره وبين رجال حاشيته.

ومن المؤكد أن ما أقدم عليه الرشيد، كان نتيجة لأسباب سياسية وطائفية ومالية، ومن أسباب نكبة البرامكة أن الرشيد قد دفع ألف ألف درهم لاعتقال يحيى بن عبد الله بن الحسن وسلمه لجعفر بن يحيى البرمكي وزيره ليحبسه، فدعا جعفر يحيى وسأله عن بعض أمره، فقال يحيى لجعفر: اتق الله في أمري ولا تتعرض أن يكون غداً خصمك محمد صلى الله عليه وسلم، فوالله ما أحدثت حدثاً ولا آويت محدثاً، فرق له، وقال: اذهب حيث شئت من بلاد الله، قال: فكيف أذهب ولا آمن أن أوخذ؟ فوجه معه من أداه إلى مأمنه، وبلغ الخبر الفضل بن الربيع من عين كانت له من خواص جعفر، فرفعه إلى الرشيد، فقال: ما أنت وهذا؟ فعله عن أمري، ثم أحضر جعفراً للطعام

---

1. ابن خلدون، عبد الرحمن بن محمد بن خلدون، مقدمة ابن خلدون، ج1، ص73.

فجعل يلقمه ويحادثه، ثم سأله عن يحيى، فقال هو بحاله في الحبس، فقـال: بحيـاتي؟ ففطن جعفر فقال: لا وحياتك وقص عليـه أمره، فقال: علمت أنه لا مكروه عنده، فقال: نعم ما فعلت، ما عـدوت ما قر في نفسي، فلما قـام عنه قال: قتلني الله إن لم أقتلك، فكان من أمره ما كان[1].

ومما يفهم من هذه الرواية، أن قتل جعفر لا علاقة له بقصة العباسة المختلقة، وأن هـارون الرشيد إنمـا قتل جعفراً لممالأتـه الشيعة، وإطلاقـه أحد زعمائهم، وبالتالي فهو متهم بالخيانة والعمل على تقويض نفوذ العباسيين، وهذا دليل واضـح. وحول سبب تدمير هارون الرشيد للبرامكة ذهب (مصطفى جواد) إلى القول بأن "المشكلة التاريخية إذا استبهم جانب منها تشعبت فيها الظنون واختلفت الآراء واضطربت الأحكام، ولو علم المؤرخون أن البرامكة تقربوا إلى الرشيد بالسعي على العلويين والسعي بهم وتبغيضهم، لوجدوا إلى سبب تلك الفتكة الهاشمية سبيلاً، وعلى الجلية دليلاً، وعلموا أنهم إنما حق عليهم العذاب ودمرهم الله تدميراً، بل إن السبب الحقيقي وراء قضاء هارون الرشيد عليهم، هو تدبيرهم لقتل موسى بن جعفر، وولوغهم في دماء بني علي، وطلبوا الزلفى بتعذيبهم وأعلوا مراتبهم بخفض العصبية الهاشمية واجتثاث الشجرة

<hr>

1. ينظر: البيومي، محمد رجب، هارون الرشيد الخليفة العالم والفارس المجاهد، دار القلم، دمشق، ط1، 2000م، ص (240-241).

النبوية. ولقد جرؤوا بسوء سيرتهم أن جعفرهم حز رأس حبيسه العلوي عبد الله الشهيد بن الأفطس، في يوم النوروز وأهداه إلى الرشيد في طبق الهدايا، فلما رفعت المكبة من فوق الطبق ورأى الرشيد رأس ابن عمه استعظم ذلك، فقال له جعفر: ما علمت أبلغ في سرورك من حمل رأس عدوك وعدو آبائك إليك. وكان الرشيد قد حبسه عند جعفر وأمره بأن يوسع عليه. وقال ذات يوم: اللهم اكفنيه، على يد ولي من أوليائي وأوليائك. فلم يجد هذا الشقي الكفاية إلا بقتله صبراً، لا سيف يذود به عن نفسه ولا بنو علي حوله يحوطونه ويكلأونه ولا شفيع يرد عنه بؤم الزنادقة، وهو الذي شهد وقيعة (فخ) متقلداً سيفين يذود بهما عن سيده، فلما أسر، أخذه الرشيد وحبسه عند جعفر، فضاق صدره بالحبس، وكتب إلى الرشيد رقعة يشتمه فيها شتماً قبيحاً، فلم يلتفت الرشيد إلى ذلك، لأنه عالم بالعزة العلوية والاستبسال الهاشمي، ولم يأمر إلا بالتوسيع عليه والترفيه عنه فكان من أمره مع جعفر البرمكي ما كان[1].

ومن أسباب نقمة الرشيد على البرامكة، إسرافهم في المال العام وإساءة التصرف فيه، فقد بنى جعفر بن يحيى داراً أنفق فيها عشرين ألف ألف درهم، وكان الرشيد لا يمر ببلد ولا إقليم ولا قرية ولا مزرعة ولا بستان؛ إلا قيل له هذا لجعفر، ويقال إن البرامكة "أرادوا إظهار الزندقة، وإفساد الملك، ونقله

---

1. ينظر: جواد، مصطفى، مجلة الرسالة، العدد27، السنة الثانية ـ القاهرة ليوم 8 كانون الثاني؛ يناير 1934.

إلى عثمان بن نهيك الفاسق، فقتلهم هارون"[1]. وقيل إن البرامكة "كانوا يريدون إبطال خلافة الرشيد وإظهار الزندقة"[2].

وقد بلغ البرامكة حدّ أنهم كانوا يتشاغلون بالملذات عن أداء واجب الرعية، فيحكى أنه ورد للرشيد يوماً كتاب صاحب البريد بخراسان، ويحيى بن خالد بين يديه، يذكر فيه أن الفضل بن يحيى تشاغل بالصيد وإدمان الملذات عن النظر في أمور الرعية، فلما قرأه الرشيد رمى به ليحيى، وقال له، يا أبت اقرأ هذا الكتاب، واكتب إليه كتاباً يردعه عن مثل هذا.

ومن أسباب نكبة البرامكة كما صورها لنا ابن خلدون في المقدمة؛ استبدادُهم على الدولة، وقيامهم بالاستيلاء على أموال الجباية، حتى كان الرشيد يطلب اليسير من المال فلا يصل إليه، فغلبوه على أمره وشاركوه في سلطاته، ولم يكن له معهم تصرف في أمور ملكه فعظمت آثارهم، وبعد صيتهم، وعمروا مراتب الدولة وخططها بالرؤساء من ولدهم وصنائعهم، وانبسط الجاه عندهم، وانصرفت نحوهم الوجوه، وخضعت لهم الرقاب، وتخطت إليهم من أقصى التخوم هدايا الملوك وتحف الأمراء، وسيرت إلى خزائنهم في سبيل التزلف والاستمالة،

---

1. ينظر: ابن كثير، عماد الدين أبو الفداء إسماعيل، البداية والنهاية في التاريخ، القاهرة، 1932-1939م، د ط، ج4، ص189. وينظر: الدميري، كمال الدين محمد بن موسى، حياة الحيوان الكبرى، تهذيب وتصنيف: أسعد الفارس، طلاس للدراسات والترجمة والنشر، دمشق، 1992م، ج4، ص112.

2. الذهبي، محمد بن أحمد بن عثمان قايماز، سير أعلام النبلاء، تحقيق: شعيب الأرناؤوط ومحمد نعيم العرقسوسي، مؤسسة الرسالة، بيروت، ط9، 1413هـ، ج5، ص24.

وأفاضوا في رجال الشيعة وعظماء القرابة العطاء، وطوقوهم المنن وفكوا العاني، واستولوا على القرى والضياع من الضواحي والأمصار في سائر الممالك[1].

ومما يضاف لما سبق؛ قيام البرامكة بإفساد الملك، والتجرؤ على الإسلام، والميل إلى الفرس وعقائدهم القديمة. وفي ذلك يقول الأصمعي المعاصر لتلك الأحداث، ذامّاً البرامكة، ومعرّضاً بدينهم وعقيدتهم:

إذا ذُكِرَ الشِّـرك فـي مجلسٍ

أنـــارت وُجُـوه بنــي بِرْمَـك

وإن تُليــت عِنْدَهـم سُـورة

أَتــوا بالأحاديثِ مِــن بَرْمَك[2]

ولكون البرامكة من الفرس أصلاً، فقد مال أهل خراسان إليهم بوصفهم النموذج الفارسي الذي تُدار من خلاله الدولة العباسية، لا سيما أن فكرة الثأر لمقتل أبي مسلم الخراساني، قد ظلت كامنة في نفوسهم، وقد خشي هارون الرشيد أن تكون خراسان منطلقاً للثورة ضده مع هذا التأييد الكبير للبرامكة، الذين صار لهم شأنٌ كبيرٌ في إدارة الدولة.

لقد تناول كثير من الرواة حياة البرامكة وصفاتهم، وأكدوا علو

---

1. ينظر: ابن خلدون، مقدمة ابن خلدون، ج1، ص(15-16).
2. المقدسي، المطهر بن طاهر، البدء والتاريخ، مكتبة الثقافة الدينية، د ت، بور سعيد، ج6، ص106.

مكانتهم وكرمهم وعلمهم ودورهم في بناء بغداد، كما تواترت الأخبار عن جوائزهم للشعراء وصلاتهم، وأشاد المؤرخون ودارسو الأدب بهذه الأسرة وأفاضوا في الحديث عن فضائلها، وقد وصفهم (ابن خلدون) بأنهم كانوا "من محاسن العالم، ودولتهم من أعظم الدول، وهم كانوا نكتة محاسن الملة، وعنوان دولتها"[1]. ويمكن القول إن الرشيد قد توصل إلى أن البرامكة قد أصبحوا خطراً عليه وعلى حكم العباسيين لا سيما بعد ما حققوه من مكانة، جعلت لديهم كثيراً من الأتباع والمؤيدين في كافة ولايات الدولة العباسية، وفي مقدمتهم مَن رفضوا الولاء لبني العباس، بل إنهم أصبحوا يحظون بمكانة تجاوزت مكانة الرشيد عند أبناء الرعية، وبالتالي كان لا بد من إنهاء وجودهم داخل دولة الخلافة والقضاء عليهم.

وكثيراً ص ما أثارت شخصية هارون الرشيد والأحداث المرتبطة بها، جدلاً على الصعيديْن؛ التاريخي والأدبي، حيث راوح الموقف منه، بين نظرة رأت فيه أنه خليفة عادلٌ حقق الأمن، وأصلح شؤون الرعية، وبسط العدل، وهاجم أعداء الدولة وأرهبهم، وبين نظرة أخرى، وصفته ضمن بعض الروايات؛ بأنه محب للهو والنساء، مشغول بشهوته وملذاته، ولا تأخذه رأفة بخصومه.

ويمكن القول إن شخصية الرشيد، قد شكلت شخصية إشكالية على المستوى التاريخي والأدبي، إذ اختلطت حقائق التاريخ

<hr>

1. ابن خلدون، مقدمة ابن خلدون، ج3، ص724.

بالخيال في وصفه، وفي الوقت الذي مدحه فيه المـادحون حتى جعلوه أجل ملوك الأرض، وبالغ الشعراء والأدباء في وصفه حتى أصبحت حياتـه مـثلاً لكل مـن يعيش في نعيم العيش وأبهة الملوك، فقد قدمه بعض المغرضين بصور سلبية وبروايات متناقضة، لا تتناسب في حقيقتها مع مكانة تلك الشخصية، حيث امتزجت فيها حقائق التاريخ بالقصص الخيالية، وكان لذلك أثره في تغييب الحقيقـة عن الكثيرين، ومن أمثلة ذلك ما جاء في كتاب (ألف ليلة وليلة)، الذي صوره بصورة الخليفة المسرف في الترف والملذات، والذي لا يعرف إلا اللهو وشرب الخمور ومراقصة الغانيات. والواقع أن هذا الخليفة كان من خيرة الخلفاء، فقد كان يحج عاماً ويغزو عاماً، وذكر أنه كان يصلي في خلافته في كل يوم مائة ركعة إلى أن مات، ويتصدق بألف، وكان يحب العلماء، ويعظم حرمات الدين، ويبغض الجدال والكلام، ويبكي على نفسه ولهوه وذنوبه، لا سيما إذا وعظ[1].

وقد أجمع المؤرخون على أنه أعظم خلفاء بني العباس شأناً وذكاء وعبادة وقيادة، حيث حرص على إخماد الثورات وحل المشكلات الداخلية، وقام بتعيين أمهر الرجال وأفضلهم في مواقعهم الإدارية والعسكرية، وواجه كل من حاول تقسيم الدولة والخروج عليها، واشتهر عنه الورع والصبر على الطاعة، والعمل على راحة الرعية، حتى إنه توفي أثناء ذهابه لقمع ثورة قامت ضده بعد اختلال الأمن في منطقة خراسان.

---

1. الذهبي، محمد بن أحمد بن عثمان قايماز، سير أعلام النبلاء، ج9، ص287.

ورغم مكانة الرشيد وتاريخه البطولي الحافل، إلا أن تلك الحكايات التي سيقت عنه لم تظهره على حقيقته، ففي كتاب (الأغاني) لأبي الفرج الأصفهاني جاء أن الرشيد طلب مُغنياً اسمه يحيى المكي، فدخل عليه وهو جالس على كرسيّ بتلّ دارا (جنوب الأناضول اليوم)، فقال: يا يحيى، غنّني:

متى تَلتقِي الأُلّافُ والعِيسُ كُلّما

تصَعّدْنَ مِن وادٍ هَبطْنَ إلى واد

فلم يزل يغنّي له، بينما يتناولُ الرشيدُ قدحاً إلى أن أمسى (يغيب عن الوعي)، فعد عشر مرّات استعاد فيها الصوت، وشرب عشرة أقداح، ثم أمر له بعشرة آلاف درهم، ثم أمره بالانصراف[1].

وإذا كان كتاب (الأغاني) قد قدم لنا الخليفة هارون الرشيد بهذه الصورة، فإن كتاب (ألف ليلة وليلة) قد قدم لنا الخليفة بصورة رجل السلطة الطائش النزق، الذي يضرب ويقتل متى يشاء، ويعفو عمن يشاء وفق مزاجية حادّة، ويُصدر أوامره الظالمة في لحظات طيشه وغضبه، التي تنفجر دائماً، وقلّما تهدأ، ولا يكف عن ملذاته وهيامه بالجواري، وإذا تم تحليل هذه المؤلفات وفق منهج النقد التاريخي، سنكتشف أنها وُضعت للتسلية وكثير منها كذب مختلق، لا سيما أن كتاب (ألف ليلة وليلة) مترجم عن كتاب فارسي اسمه (الهزار أفسان) أي الألف خُرافة، وقد ورد في الجزء الرابع من كتاب (مختار الأغاني) ما

---

1. الأصفهاني، أبو الفرج علي بن الحسين بن محمد المرواني الأموي القرشي، الأغاني، دار إحياء التراث العربي، بيروت، ط1، 1415هـ، ج6، ص414.

يؤكد ذلك؛ إذ إن "قسماً من تاريخنا مصدره قليلو العلم أو رقيقو الدين، الذين يُطلقون فيضاً من الأكاذيب، ويختلقون ركاماً من الافتراءات.. ويمرّ الزمن فيختفي القائل، وتنطمس المعالم"[1].

ومن المؤكد أن مجالس الرشيد، كانت لا تخرج عن كونها مجالس لإدارة شؤون الدولة، أو مجالس يحضرها العلماء والشعراء الذين كان يجالسهم الرشيد ويستمتع بأشعارهم وبمناظراتهم الأدبية، وكان الشافعي أحد العلماء الذي كانوا يترددون كثيراً على مجالس الرشيد، حين كان في بغداد قبل الانتقال إلى مصر، وذكر الإمام والمؤرخ ابن الجوزي أن الشافعي دخل "يوماً إلى بعض حجر هارون الرشيد، استأذن له عَلَيْهِ فأقعده الخادم عند أبي عبد الصمد مؤدب أولاد الرشيد، قال لَهُ: يا أبا عبد الله، هؤلاء أولاد أمير المؤمنين وهذا مؤدّبهم (معلمهم)، فلو أوصيتَه، فأقبل على أبي عبد الصمد، فقال لَهُ: ليكن أول ما نبدأ به من إصلاح أولاد أمير المؤمنين إصلاحك نفسك، فإن أعينهم مغفورة بعينك، فالحسن عندهم ما تستحسنه، والقبيح عندهم ما تستقبحه، علمهم كتاب الله، ولا تكرههم عليه فيملوه، ولا تتركهم فيهجروه، ثم زدهم من الشعر أعفه، ومن الحديث أشرفه، ولا تخرجنهم من علم إلى غيره حتى يتقنوه، فإن ازدحام الكلام في المسمع مصد للفهم"[2].

---

1. أبو خليل، شوقي، هارون الرشيد أمير الخلفاء وأجل ملوك الدنيا، دار الفكر، دمشق، 1996م، ص204.

2. الجوزي، جمال الدين أبو الفرج عبد الرحمن بن علي بن محمد، المنتظم في تاريخ الملوك والأمم، دار الكتب العلمية، بيروت، 1992م، ج10، ص(139-140).

لقد تم استلهام حكايات الماضي في الحاضر، وحملت المخيّلة الإسلامية تصورات متعددة اختلفت زوايا النظر إليها بحسب الغرض من الاستدعاء، وبحسب السردية التاريخية المُستقاة، من هنا تم تقديم شخصية هارون الرشيد ضمن الكتب الأدبية والسير الشعبية، بصورة مغايرة لحقيقتها التاريخية، حيث تم إجراء التغيير والتشويه والتعديل عليها لإرضاء الوجدان الشعبي، وقد امتد ذلك امتداداً خطيراً من كتاب مثل كتاب (ألف ليلة وليلة) إلى المصادر الأدبية، التي تتبعت بصفة خاصة حياة الشاعر أبي نواس، أو التي جمعت أخباره، وجوانب من حياته الماجنة التي شكلت ركيزة أساسية لنسج الخرافات والأساطير والأوهام، التي تتوافق مع طبيعة السيرة الشعبية، فاختلطت سيرة الشاعر وحياته الواقعية والتاريخية بسيرة هارون الرشيد الذي عاصره، وقدمت حكايات أبو نواس وقصصه الماجنة بشكل يتوافق مع الوجدان الشعبي، ويرضي أذواق الناس، ولم يكن الرشيد ببعيد عنها، ومن المؤسف أن ذلك لم يتوافق مع الدقة التاريخية في تقديم شخصية الرشيد، وهذا ما ظهر واضحاً في كتاب الأغاني للأصفهاني، الذي اشتمل على روايات اقترن فيها هارون الرشيد بأبي نواس أو افترق عنه، ولكن تلك الروايات جاءت بعيدة عن الواقع التاريخي، وعن السياقات السياسية والاجتماعية التي تزامنت مع الفترة التي حكم بها الرشيد، وتطورت داخلها شخصيته.

وكان لكتاب ألف ليلة وليلة أثره في الآداب العربية والأوروبية، فقد استلهم الكاتب (جول سوبرفيل) منه موضوع مسرحية، وتأثر (كالدرون) به عند كتابته لمسرحية (الحياة حلم) التي

أخذت من حكاية (النائم واليقظان)، وتأثر (أوغست سترندبرج) بإحدى حكايات ألف ليلة وليلة في كتابته لمسرحية (حـذاء أبي القاسم الطمبوري)، وغيره.. وتأثر الكتاب المسرحيون العرب بالحكايات والموضوعات وبالأجواء السحرية لكتاب ألف ليلة وليلة، حيث اختلفت طبيعة المعالجات الأدبية المسرحية لمعطياته بين أديب وآخر، ويمكن ملاحظة مدى تأثر جيل الرواد في المسرح العربي بكتاب ألف ليلة وليلة، ويظهر ذلك واضحاً في مسرحيات: سليم النقاش، مارون النقاش، أبو خليل القباني، توفيق الحكيم، وغيرهم.. ثم جاءت المحاولات اللاحقة للأديب المسرحي العربي في الواقع الراهن، لا سيما بعد نكسة حزيران 1967م، وذلك بالعودة إلى كتاب ألف ليلة وليلة، وصياغة حكاياته برؤى معاصـرة، هدفت إلى توجيه النقد للواقع السياسي والاجتماعي من خلال اختيار الأحداث والشخصيات التاريخية التي أثرت في مسيرة الأمة، وجاء "توظيف ألف ليلة وليلة في المسرح العربي المعاصر، ليس مجرد دعوة إلى التراث، بل هو رؤية حداثية، وفعل حداثي يتعامل مع النصوص التراثية بمنظور جمالي جديد، وهذا التوظيف التراثي في المسرح المعاصر، يحيله إلى واقع سياسي واجتماعي معاصر، فإن كانت ألف ليلة وليلة في نسق حكائي وروائي مضى وانتهى، فإنّ في حكاياتها قيماً حضاريةً يمكن أن تطرح في المسرح المعاصر، ومن خلال هذه القيم، يتمّ البحث عن بديل حضاري وإنساني"[1].

---

1. ينظر: يونس، محمد عبد الرحمن، تأثير ألف ليلة وليلة في المسرح العربي المعاصر، ص46.

وكان من أبرز الكتاب الذين استلهموا حكايات ألف ليلة وليلة (الفريد فرج) في مسرحية (حلاق بغداد)، و(سعد الله ونوس) في مسرحية (الملك هو الملك)، و(عادل كاظم) في مسرحية (الموت والقضية) و(أحزان الدولفين الأحدب)، و(محي الدين زنكنة) في مسرحية (حكاية الطبيب صفوان) و(يوسف الصائغ) في مسرحية (الباب) و(قاسم محمد) في مسرحية (كان يا ما كان) و(فلاح شاكر) في مسرحيات (ألف لعبة ولعبة، ألف قتيل وقتيل، ألف أمنية وأمنية، ليلة من ألف ليلة وليلة، ألف رحلة ورحلة) وغيرها.

الفصل الثاني

هارون الرشيد في المسرح العربي

تحضر شخصية الخليفة هارون الرشيد حضوراً قويّاً في المسرح العربي، لا سيما في مسرح الرواد الأوائل من أمثال سليم النقاش، مارون النقاش، أحمد أبو خليل القباني، وغيرهم.. وقد جاء استلهام تلك الشخصية الخالدة بالنسبة للمؤلف المسرحي العربي من خلال كتب التاريخ، أو المؤلفات الأدبية التي تعرضت للشخصية بشكل مغاير لحقيقتها التاريخية، ككتاب ألف ليلة وليلة، الذي يعد أهم الكتب التي تنتمي إلى التراث الإنساني، وقد أصبحت حكايات هذا الكتاب منهلاً للكتاب المسرحيين في العالم، يستلهمون منه مواد مسرحياتهم، والموضوعات التي تثير وتحفز مخيلاتهم، وذلك لما تتوفر عليه من أحداث مشوقة وشخصيات متنوعة، وللوقوف على صورة الخليفة هارون الرشيد في النص المسرحي العربي سأتناول ما يلي:

(1)

صورة هارون الرشيد في مسرحية
"أبو الحسن المغفل" لمارون النقاش

منذ أن دخل المسرح الديار العربية، وقدم الرائد مارون النقاش (1817-1855م) مسرحية (البخيل) في بيروت سنة 1847م، قام بتوجيه دعوته للجمهور من خلال خطبة مشهورة أراد من خلالها التأسيس لقالب مسرحي عربي قريب من الذائقة العربية التي تستهويها الأغاني، والرقصات، والحكايات الشعبية، وقد أكد قائلا: "وهَأَنَا متقدم دونكم إلى قدّام، محتملاً فداء عنكم إمكان الملام، مقدماً لهؤلاء الأسياد المعتبرين، أصحاب الإدراك الموقرين، ذوي المعرفة الفائقة، والأذهان الفريدة الرائقة، الذين هم عين المتميزين بهذا العصر، وتاج الألباء والنجباء بهذا القطر، مبرزاً لهم مسرحاً أدبياً وذهباً إفرنجيّاً مسبوكاً عربيّاً، على أنني عند مروري بالأقطار الأوروباوية، وسلوكي بالأمصار الإفرنجية، قد عاينت عندهم فيما بين الوسائط والمنافع التي من شأنها تهذيب الطبائع، مراسحَ يلعبون بها ألعاباً غريبة، ويقصون فيها قصصاً عجيبة، فيرى بهذه الحكايات التي يشيرون إليها، والروايات التي يتشكلون بها ويعتمدون عليها، من ظاهرها مجاز ومزاح، وباطنها حقيقة وصلاح، حتى إنها تجذب بحكمتها

الملوك من أعلى أسرَّتهم، فيأتونها ويفوزون بحسن سياستهم ومسرتهم، وهذه المراسح تنقسم إلى مرتبتين، كلتاهما تقر فيهما العين؛ إحداهما: يسمونها بروزه، وتنقسم إلى كوميديا ثم إلى دراما وإلى تراجيديا، ويبرزونها بسيطة بغير أشعار، وغير ملحنة على الآلات والأوتار، وثانيتهما: تسمى عندهم أوبره، وتنقسم نظير تلك إلى عبوسة ومحزنة ومزهرة، وهي التي في فلك الموسيقى مقمر. فكان الأهم والألزم بالأحرى، أن أصنف وأترجم بالمرتبة الأولى لا الأخرى؛ لأنها أسهل وأقرب، وفي البداءة أوجب، ولكن الذي ألزمني لمخالفة القياس، وممارستي هذا المراس؛ أولاً: أن الثانية كانت لدي ألذ وأشهى، وأبهج وأبهى، ومن عادة المرء ألا يجود مما بيديه، إلا على ما مالت نفسه إليه، والمنصف حيثما يكون مناه، يطفح نحوه جود قريحته ونهاه. ثانياً: أن ظن المرء بالناس، كظنه بنفسه بلا الْتباس، فترجحت آرائي ورغبتي وغيرتي، أن الثانية تكون أحب من الأولى عند قومي وعشيرتي؛ فلذلك قد صوَّبت أخيراً قصدي، إلى تقليد المرسح الموسيقي المُجدي.."[1].

ومن الملاحظ أن النقاش قد أدرك جيداً، منذ البداية، موقف أبناء المجتمع العربي من هذا الوافد الجديد الذي ارتبط بالغرب المستعمر، والقاهر للذات العربية ولكيانها وهويتها ومقومات شخصيتها، وعرف "مدى خطورة المحاولة التي أقدم عليها في مجتمع تقليدي محافظ، لم تكن له معرفة سابقة بهذا الفن، اللهم إلا

---

1. النقاش، نقولا، أرزة لبنان، تحقيق وتقديم: نبيل أبو مراد، جامعة الروح القدس، الكسليك، 2009م، ص(15-16).

تلك الفنون التي عُرفت في الثقافة العربية الشعبية، والتي يطلق عليها البعض الأشكال ما قبل مسرحية"[1]، كخيال الظل، والكراكوز، والحكواتي، وغيرها.. والتي كان فيها شيءٌ من الإسفاف والتسلية واللهو، الذي يتجاوز حدود الأدب والأخلاق والدين.

وبذلك جاء اختيار فن المسرح من قبل النقاش إيماناً منه بأنه يشكل مظهراً من مظاهر الحضارة، ووسيلة من وسائل التقدم والازدهار للشعوب، ومن ثم فإن غرسه في الثقافة العربية، بات ضرورة لا بد منها، لا سيما في مسيرة أمتنا العربية، لذلك بعد أن قدّم النقاش مسرحية البخيل، قام عام 1849 بتقديم مسرحية (الشيخ الجاهل)، وهي من تأليف أخيه نقولا النقاش، وقدّم في أواخر سنة 1849 في منزله أيضاً مسرحيته الكوميدية الشهيرة (أبو الحسن المغفّل أو هارون الرشيد)، وهي هزلية مضحكة ملحنة في ثلاثة فصول.

في مسرحية أبو الحسن المغفل يستلهم النقاش حكاية (النائم واليقظان) من كتاب ألف ليلة وليلة، ليقدم لنا حكاية ترتبط بالخليفة هارون الرشيد، وتتناول المسرحية حكاية رجل اسمه أبو الحسن يتمنّى أن يجتمع الأمر بيده ويصبح خليفة ليوم واحد، ليعيد الأمر إلى جادّة الصواب، وخاصّة بعد أن تخلّى عنه أصدقاؤه الذين كانوا يلازمونه حين كان ثريّاً، وقد انفضوا عنه بعد أن أنفق عليهم أمواله وغدا معدماً، ويلخص ذلك في هذا الحوار مع عرقوب:

---

1. عزيزية، محمد، الإسلام والمسرح، ترجمة: رفيق الصبان، منشورات عيون المقالات، الدار البيضاء، ط1، 1988م، ص52.

"**أبو الحسن**: وأخلط السواد بالبياض

عرقوب: اخلط

أبو الحسن: فينقضي أمري بلا اعتراض

عرقوب: اخلط

أبو الحسن: أقضي على طه إمام الجامع

شيخ الخِوان الخاتل المخادع

والأرديا المنافقون الأربعة

أشنقهم من بعد ألف مقرعه

قد كنت عندهم أعز الناس

فغادروني إذ رأوا إفلاسي

فالآن آن القهر للحساد

ما دمت سلطانا على بغداد"[1]

وبينما يسير الرشيد متنكراً ومعه سيافه مسرور تطرق أذنيه هذه الأمنية، فيسارع إلى تحقيقها، ويتفق الرشيد وجعفر مع عرقوب على دعوة أبي الحسن إلى سهرة على نهر دجلة، وهناك يغيب عن الوعي بعد أن يدسَّان له في المشروب شيئاً، ويُنقَل إلى القصر، ويوضع مكان الرشيد، فيستيقظ أبو الحسن ليجد نفسه خليفة لبغداد، ويكون عرقوب وزيراً له، وحوله

---

1. النقاش، نقولا، أرزة لبنان، رواية مضحكة ملحنة ذات ثلاثة فصول، معروفة برواية أبي الحسن المغفل أو رواية هارون الرشيد، ص112.

الوزراء والخدم ينتظرون أوامره ليحققوها، ويختلط الأمر على أبي الحسن، فيظن أن الأمر حلم سعيد، ولكنّه يعلم بعد ذلك أنّه الخليفة وأنه ليس في حلم، ويكون في مقدمة من ينقم عليهم إمام الجامع (طه)، لأن هذا الأخير، وضعه والد أبي الحسن وصيّاً على تركة الأخوين سعيد وأبي الحسن، فأسرف وأنفق وخان الأمانة، حتى بقي الاثنان من غير مال يسد عوزهما، ولا تذهب عن أبي الحسن الآمال إلى درجة التمني أن يكون الحاكم فقط، وإنما يدخل في إهاب شخصية السلطان، حتى يتصور نفسه السلطان فعلاً، ويمضي في تنفيذ ما يريد، ولذلك يضطر خادمُه عرقوب إلى التعليق بقوله:

"عرقوب:

كم تشتهي المحال في الأوهام

ولم تنله غير في- الأحلام.."[1]

إنّ أبا الحسن لا يصدّق تماماً أنه أمير المؤمنين، لذلك لا يتردد عن سؤال الحاجب إسحاق الذي يشترك باللعبة، فيؤكد له أنه أمير المؤمنين، ويظلّ أبو الحسن يكرّر عبارة: "لا شك أني مسحور أو دخل على عقلي أمر من الأمور"، وحتى تتم اللعبة المسرحية وعملية التنكر بالشكل الأمثل، نجد النقاش يرسل كلّاً من الرشيد وجعفر يستعطيانه، ويكون الخليفة هارون الرشيد متنكراً بثياب درويش (دادا مصطفى)، بينما يتنكر وزيره جعفر

---

1. المصدر نفسه، ص112.

بثياب درويش (دادا محمود)، ويبلغان أبا الحسن بأن الخلافة ستؤول إلى التهلكة، وأن عساكر العجم مثل الجراد قاصدين بغداد، وتحدث بعد ذلك مجموعة من الأحداث والمفارقات التنكرية، التي لا تخرج عن إطار اللعبة المسرحية. وبينما يستمر أبو الحسن في حلمه معتقداً بأنه سيقيم الحياة الكريمة للرعية، وفي الوقت نفسه يحلم بتحقيق ملذاته، يقول:

"**أبو الحسن**: وبعد هذا نخلع العذارا

ونجعل الليل لنا نهارا

ثم نغني معْ نَقيَّات البَدن"[1]

ولكن أبا الحسن يأكله الشوق لـ(دعد)، تلك الحسناء التي يحبها ولا يصل إليها رغم محاولاته أن يستغني عن زوجته العجوز لأجلها، وتقتله الغيرة من أخيه سعيد الذي يحب دعدا وتحبه، ولا ينجح هو أبداً في السيطرة على ابنته سلمى، ليحلم من خلالها بالسيطرة على الأمور، ذلك لأن شقيق دعد (عثمان)، يحب ابنته سلمى التي تحبه هي بدورها، وفي مشهد آخر يخطر للرشيد أن يتسلى تسلية جديدة، ينشرح لها الصدر فيكون التدخل في شجار الأخوين سعيد وأبي الحسن، وتحريض كل منهما ضد الآخر، ويمضي الخليفة إلى أبعد من ذلك، وهو يقول:

"**الخليفة**:   حقّاً، صدري قد انشرح بأنواع غزيرة، في مداعبة هذه العيلة، ومع ذلك لا بد أن أتمم

---

1. المصدر نفسه، ص112.

ما خطر في بالي. والصواب أن أتعاهد مع عرقوب لإبلاغ آمالي"[1].

وبعد حدوث مفارقات كثيرة، يعود بنا المؤلف في الفصل الثالث إلى المكان الأول، حيث ينقل أبو الحسن مخدراً إلى بيته قبل وصول أمه من الحج، وحينما يستيقظ لا يتردد في الإقرار بأنه الخليفة، وتحاول أمه أن تردّه إلى وعيه، فيحاول أن يضربها، ويأتي الآخرون، فيصرّ أبو الحسن على الزواج من دعد، لكنه يجدها قد تزوجت من أخيه سعيد، أما ابنته سلمى فقد تزوّجت من عثمان، ومع ذلك يظل مغفلاً حالماً متعلّقاً بدعد، ويحلم أن تُطلق من أخيه في العام القادم ليتزوجها، بل يتراءى له أنها أكرهت على هذا الزواج:

"أبو الحسن: دعد يا ناكرة الجميل، ولكن بغير شك هم ألزموكِ، وعلى الزواج بسعيدٍ هم غصبوكِ.

دعد: أبو الحسن وحياتك لم يغصبني أحد، في هذه البلد، ولكنّ الرشيد هو الذي أمرنا لنتزوج كما رأيت. وأنعم على كل منّا بألف دينارٍ لتجهيز البيت. وكان ذلك بهمّة دادا محمود. وهو ذا أمر الخليفة (مبرزة له الورقة التي تناولتها من جعفر في الفصل الثاني) أيّده الإلهُ المعبود.

---

1. المصدر نفسه، ص153.

أبو الحسن بذاته:

يا سلام يا سلام.. هذا أنا الذي أمرت بتكتيب هذا الأمر، إذ كنتُ في الإيوان.

عرقوب بذاته:

يا سلام يا سلام.. وأنا نظرته هناك بعدما بعثتُ وزارتي بأوكس الأثمان. أين دادا محمود؟ أين دادا محمود؟ (يجول هنا وهنا) فأنا ما بعثهُ وزارتي إلا حينما كنتُ سكران.

عرقوب: قل أيضاً إن هذا سحر فهل يوجد أعظم من هذا البرهان.

أبو الحسن: الحقّ معك تعال لننظر الدراويش.. لا لا أصبر لأفحص عن شيء ورد إلى بالي.

أبو الحسن: هند.. دعد تعالي هنا.. أنا سمحت لكم عن كلّ شيء بحيث تخبريني عن حقيقة حالي (يخاطبها في همس.. كأنه يقول لها سرّاً إنه كان ملكاً وهو آمر بما صار).

سعيد: ويلك عرقوب ما هذا الكلام الذي تتكلّمه، أنتَ أيضاً مجنون"[1].

لقد حاول النقاش في مسرحيته الخروج عن الإطار

____

1. المصدر نفسه، ص(259-261).

العام للحكاية؛ فتوسع في بعض الأحداث، وحور في بعض الشخصيات؛ فقد أفاض في الحديث عن أبي الحسن وعدل في شخصيته وتناول قصة حبه لدعد، لكن ذلك لم يخرج عن كونه في النهاية أقرب إلى النقل الحرفي بصياغة درامية بسيطة، تعامل الكاتب من خلالها مع النص التراثي تعاملاً سكونياً دون الاشتغال على تقديم الأحداث برؤية معاصرة، وبذلك جعل من تلك الحكايات مادة جامدة ومعلومات تنقل من التاريخ فقط.

وإذا كان أبو الحسن يبرز في الحكاية بوصفه رجلاً متذمراً، يحاول نشر الحق والالتزام بالصدق والعدل، نجده في المسرحية يبدو ساذجاً غارقاً في أوهامه، وفي الوقت نفسه يحلم بتحقيق العدل بين الناس، ويمكن القول إن النقاش قد أعجب بالعوالم السحرية التي تغلف الحكاية وأحداثها المشوقة التي تحتويها، إضافة لامتيازها بالسهولة والعفوية والأسلوب الذي يسف أحياناً ويرتفع أحياناً أخرى، مستعيداً بعض العادات والتقاليد العربية الممتزجة بصور حافلة بالحياة والمتعة والبهجة، تعكس أحلام الناس وآمالهم برؤية عجيبة من الحوادث الخيالية والمخلوقات الخرافية، ومع ذلك تكون هناك أرضية واقعية إنسانية لتلك الخيالات والمشاعر الحالمة، والوقائع الفنتازية المهلكة، حيث يجري أغلبها في العصر العباسي، وتحديداً في عهد الخليفة هارون الرشيد.

(2)

صورة هارون الرشيد في مسرحية
"هارون الرشيد مع الأمير غانم بن أيوب وقوت القلوب"
للقباني

ينتمي أحمد أبو خليل القباني لأسرة دمشقية عريقة، يتصل نسبها بـ(أكرم آقبيق) الذي كان يعمل مستشاراً للسلطان (سليمان القانوني)، وأحد أجداده هو (شادي بك آقبيق) أحد أفراد عائلة آقبيق التركية المعروفة، الذي شاد مدرسة الشابكلية للعلوم الدينية مع جامع كبير، وأوقف لهما أوقاف القنوات بأجمعها، ثم لقب في عهده بالقباني، لأنه يملك قبان باب الجابية، التي كانت في ذلك التاريخ ملكاً لفريق من العائلات في كل حي من أحياء دمشق[1]، وقد هاجر أفراد من هذه العائلة إلى دمشق في القرن الثامن عشر بصفة ضباط في سلك الانكشارية، وذهب (الزركلي) إلى أن القباني هو "من أوائل منشئي المسرح التمثيلي العربي في الشام ومصر، وقد تعلم في بلده دمشق، ونظم عدة موشحات ولحنها، وأنشأ مسرحاً للتمثيل، عرض فيه بضع روايات غنائية

---

1. آل جندي، أدهم، أعلام الأدب والفن، مطبعة مجلة صوت سورية، دمشق، د ط، 1954م، ج1، ص249.

من وضعه وتلحينه"[1]. وأبو خليل القباني هو عم والد الشاعر السوري نزار توفيق قباني، وعم لأمه فايزة آقبيق أيضاً.

عاش القباني يتيماً وقد كفله خاله، فأرسله إلى الكتاب وللدراسة في جامع الطاووسية وفي المساجد الأخرى، حيث تلقى شتى العلوم من نحو وصرف وبيان وبديع، إضافة إلى دراسته العلوم الدينية والفقه، كما درس التركية والفارسية، ولأن والده أراده أن يكون متعلماً ومثقفاً، فقد أخذه إلى الجامع الأموي الكبير ليتعلم اللغة العربية، والقرآن الكريم، وهكذا أصبح القباني فقيهاً وشاعراً وموسيقيّاً بارعاً، حيث اهتم بكتابة الأزجال وتلحين الموشحات والأغاني، ونظراً لمتابعته دروس الدين وحلقات الصوفية، لقب بالشيخ، وتعلم فوق ذلك رقص السماح الذي أخذه عن الشيخ أحمد عقيل الحلبي، "وقد اكتسب من الشهرة في فن الموسيقا والغناء، ما جعل أساتذة هذه الفنون، يلهجون بذكره ويشيدون بمقدرته وبراعته ويرجعون إليه"[2].

عرف عن (القباني) بأنه كان شيخاً جليلاً، وقد جنى ثمار العلوم على أفضل علماء زمانه حينما كانت حلقات التدريس في ذلك العهد تجري في الجوامع، حيث تقام لشتى العلوم العربية من نحو وصرف وبيان وبديع ومنطق وفقه وفرائض، وعرف

---

1. ينظر: الزركلي، خير الدين، الأعلام قاموس تراجم لأشهر الرجال والنساء من العرب والمستعربين والمستشرقين، تحقيق وإشراف: زهير فتح الله، منشورات دار العلم للملايين، بيروت، 2002م، ج1، ص248.

2. نجم، محمد يوسف، المسرحية في الأدب العربي، 1874-1914م، دار بيروت للطباعة والنشر، بيروت، 1956م، ص62.

عن القباني بأنه اعتاد أن يؤذن على مأذنة عيسى القائمة في جانب من جوانب الأموي، وبذلك رسم صورة مغايرة لشيخ تقيّ يحب الفن ويستمع إلى الموسيقا ولا يحرّم التمثيل؛ ولم يمض وقت طويل حتى ذاع صيته، نظراً لحدة ذكائه وجمال صوته، وبعد الانتهاء من دروس الجامع الأموي، كان القباني يرتاد المقاهي سرّاً للتفرج على فصول (خيال الظل) والاستماع إلى أهل الفن، وقد كان معجباً بخيال الظل وبمحركه علي حبيب "الذي كان أبرع أهل زمانه بتحريك الخيالات التي تقدم القصص الهزلية الضاحكة أو التاريخية الحماسية وما أشبه ذلك. وكان الشعب يقبل ويتسابق إلى مشاهدة براعة علي حبيب في مقهى العمارة بدمشق"[1].

وتحت تأثير خيال الظل، بدأ القباني في حوالي عام 1865م بالتفكير في مشروعه المسرحي، وحينما كان يخلو إلى غرفته كان ينهمك بتقليد علي حبيب بما علق في ذهنه من حوار، وأثناء ذلك بدأ يفكر بشكل جدي بمرحلة أكثر عملية، حيث جمع رفاقه وقال لهم: "نحن نشاهد الخيالات المصنوعة من الجلد، والتي يحركها ويقوم بجميع أدوارها شخص واحد، وهذه الأعمال متعبة جدّاً، وإن دلت على شيء فإنما تدل على براعة فائقة واستعداد عظيم وإرادة قوية وصلبة، فإذا كتب أحدنا قصة لخمسة أشخاص أو أكثر، ثم أخذنا نتحاور في كل ما من شأنه أن يعود بالفائدة على

<hr>

1. المالح، وصفي، تاريخ المسرح السوري وذكرياتي، وزارة الثقافة، دمشق، د. ط، 1984م، ص12.

المجتمع ويحطم الأدمغة المتحجرة، أليس ذلك أفضل من تلك الخيالات التي يزرع فيها الحياة رجل واحد؟ ومع مرور الأيام نختار القصص العربية والتاريخية والإسلامية الطافحة بالتوجيه والمواعظ والعبر والشجاعة والفداء والتضحية. ومن ثم نضيف إليها من يغني ويطرب ومن يرقص السماح ويبدع، ونقيم الحفلات المبدئية في قاعات البيوت الكبيرة"[1]، ومما يذكر أنه حينما بدأ القباني بإقامة حفلاته الفنية في دارة أبيه في باب سريجة، قام الأب بطرد ابنه أحمد ورفاقه من المنزل رافضاً ما يقومون به، فلجأ أحمد إلى خاله، وراح يغني ويرقص كلما دُعي إلى حفل حتى ذاع صيته وصيت ألحانه في دمشق كلها.

اعتمد القباني في مسرحياته على كتاب ألف ليلة وليلة، وعلى قصائد الشعراء، وعلى شخصيات الأمراء والحكام، وكان يكتب ويمثل ويلحن ويُخرج في الوقت ذاته، وكان يُدرك المتطلبات الفكرية لجمهوره، واعتمد اللغة العربية الفصحى في مسرحياته لمخاطبة الجمهور، وحتى يؤسس لتجربته المسرحية التنويرية والريادية في المسرح العربي؛ صاغ بيانين مسرحيين، يعبران عن المرجعيات والمضامين الفكرية والجمالية لتجربته الإصلاحية.

قدم القباني من خلال فرقته كثيراً من المسرحيات المؤلفة أو المعدة أو المترجمة، وكان من بينها: هارون الرشيد مع الأمير غانم، رواية هارون الرشيد مع أنس الجليس، رواية الأمير

محمود نجل شاه العجم، وكلها مقتبسات من حكايات (ألف ليلة وليلة)، ومسرحية (عنترة) المقتبسة عما يردده الناس من حكايات شعبية عن البطل والشاعر المعروف، أما المسرحيات المقتبسة عن المسرح الغربي، فقد حاول القباني التصرف بها بما يلائم جمهوره، وكانت تلك المسرحيات هي: مسرحية (لباب الغرام أو الملك متريدات) التي اقتبست من مسرحية للكاتب الفرنسي جان راسين، ومسرحية (الخل الوفي) المترجمة عن ألفريد دي موسييه، ومسرحية (عايدة) المترجمة عن الإيطالية، وبالرغم من أن القباني قد تصرف بهذه المسرحيات، وعدل ضمن البناء الفني الخاص بها، إلا أنه قد حافظ على أسماء الشخصيات وعلى الأحداث، واستخدم الشعر والغناء واللغة القريبة من الجمهور.

ومن الملاحظ أن مسرحيات القباني قد تشابهت مع مسرحيات مارون النقاش من ناحية اختلاط الشعر بالنثر، "ولكن الفرق بينهما هو أن الشعر في مسرحيات النقاش كان ضعيفاً مختل الأوزان تتداخل فيه البحور، وفي مسرحيات القباني في أغلب المواضع؛ شعر رصين جزل، ويستخدم الشعر الذي يلائم الحالات النفسية التي يعيشها أبطال المسرحية، فلا خلل في الأوزان ولا تداخل بين البحور، حتى نجده نهل من مناهل الشعر العربي القديم، فتارة تجد بيتاً كأنه للمتنبي، وثانية كأنه لبشار، وثالثة كأنه لأبي العلاء المعري[1].

---

1. أطيمش، محسن، الشاعر العربي الحديث مسرحيا، منشورات وزارة الأعلام، دار الحرية للطباعة، بغداد، د. ط، 1977م، ص45.

ورغم أن القباني قد اعتمد في مسرحياته على الغناء والتلحين، فإنه يصعب توصيف مسرحياته بأنها تنتمي للمآسي أو الملاهي، وتبدو مسرحيات القباني في تطورها الدرامي "ذات تطور عرضي وسطحي، مثل حكاية خيالية. وتبدو لنا دوافع الشخصيات للفعل ضعيفة، وردود فعلها مفاجئة ومتبدلة، في حين أن حكم المؤلف عليها ثابت ومسبق، لا يترك مجالاً لإقناع أو لتصديق. أما نهايات مسرحيات القباني فتحفل بالمصادفات ذات الأثر الفكه على جمهورنا المعاصر، مثل مسرحيات فكتور هوغو الرومانسية (...)، فالقباني نفسه كان مغرماً بأداء تلك المواقف التراجيدية، تماماً كما يزين النجم الكوميدي دوره في أيامنا بالنكات لينال التصفيق، ونمط مسرحيات أبي خليل القباني، بالتالي؛ نمط يصعب تحديده: فتارة يبدو ميلودرامياً، وأخرى ملهاوياً، وثالثة غنائيّاً"[1].

ولما كان القباني من العارفين بالموسيقا والغناء العربيين، فقد حرص على إيجاد وسيلة أكثر نجاعة يمكنه بواسطتها شد انتباه الجمهور السوري المحافظ، إلى عروضه دون أن تفقده ممارسته لهذا الفن الجديد، احترامه بين الناس وهو الشيخ الورع، شديد التدين لا سيما أن النظرة السائدة للمسرح كانت في ذلك الوقت لا تخرج عن وصفه بأنه بدعة يجب محاربتها، وذلك لارتباطه في الأذهان بالخلاعة والمجون، وقد عمل القباني على خلق

____

1. رياض عصمت، أثر ألف ليلة وليلة على المسرح العربي، الكويت، وزارة الإعلام، مجلة العربي، العدد403، 1992م، ص72.

تيارات مسرحية، يمكن أن تحقق رواجاً بين الجماهير، واهتم في مسرحه ببعض عناصر الثقافة العربية كالغناء والشعر والرقص، وجعلها في كثير من الأحيان، المبرر الأول لقيام المسرحية؛ فهو يحاول من خلال مسرحه أن يقدم فرجة مسرحية يتغنى فيها البطل أو البطلة أو المجموعة بالأمجاد العربية الخالدة، وإلى جانب ذلك؛ لجأ القباني إلى الاعتماد على المصدر الشعبي متمثلاً في حكايات ألف ليلة وليلة وغيرها من الحكايات المعروفة في التراث الشعبي العربي، لا سيما أن "حكايات الليالي بل الحكايات الشعبية بعامة، عرفت انتشاراً واسعاً بين الناس في تلك الفترة، سواء كانت في شكل كتب تُتداول للقراءة أو في شكل ملاحم وسير شعبية، يقوم بروايتها الشعراء الشعبيون في المقاهي"[1]، إضافة إلى ذلك، اتخذ القباني من المسرح الغنائي الشعبي قالباً لهذه القصص، مما جعل مسرحياته أقرب إلى فن الأوبرا، وذلك بهدف إرضاء الجمهور.

ويعد القباني ناقلاً وفيّاً للتراث، حيث يبدو ذلك واضحاً في أعماله المسرحية التي استمدها من حكايات ألف ليلة وليلة، مثل: هارون الرشيد، الأمير غانم بن أيوب وقوت القلوب، هارون الرشيد مع أنس الجليس، والأمير محمود نجل شاه العجم. ويبدو أنه قرأ التراث دون أن يعطي لنفسه فرصة إعادة صياغة هذه

____

1. ينظر: مصطفى، شاكر، القصة في سورية حتى نهاية الحرب العالمية الثانية، دار المعارف، القاهرة، 1958م، ص43. وينظر: البرو، توفيق، القومية العربية في القرن التاسع عشر، دمشق: مطابع وزارة الثقافة والإرشاد القومي، دمشق، د.ت، ص(143-144).

القصص التراثية صياغة نقدية، وهذا يرجع إلى خطورة التجربة التي أقدم عليها من جهة، والمحن التي لقيها من جراء اشتغاله بهذا الفن من جهة أخرى، الأمر الذي أملى عليه ضرورة إيجاد مسوغات منطقية تبرر اشتغاله بهذا الفن، ثم محاولة إيجاد أقصر السبل وأيسرها لإرساء دعائم هذا الفن وتأصيله، لذلك نجده منذ العرض الجماهيري الأول له من خلال مسرحيته (الشيخ وضاح ومصباح وقوت الأرواح) عام 1871م -التي قدمها القباني أمام الجمهور العادي في (كازينو الطليان)- قد حصل على إقبال كبير، حيث فاجأ الجمهور الدمشقي بهذا العمل الفني الجريء، وبهذه الكوميديا المحلية الراقية، وكان (كنعان) قد ذهب إلى أن القباني قد "شاهد فرقة فرنسية في مدرسة العزارية في باب توما المسيحي في دمشق، حيث قدمت روايات تاريخية واجتماعية وأخلاقية، وقد شهد القباني تلك الروايات جميعها، وأخذ فكرة عن المسرح والتمثيل والممثلين وتوزيع الأدوار والمكياج"[1]، وبالتالي استطاع من خلال مشاهدته لعروض تلك الفرقة، أن يهتدي إلى معرفة فن المسرح.

وفي هذا السياق ظهرت تجربة القباني لتؤكد ضرورة التعامل مع التراث كموقف وليس كمادة فقط، إذ إن قراءة العرب لتراثهم تنطلق من إشكالية قياس الغائب على الشاهد، لأنهم ينظرون إلى الحاضر من خلال الماضي، ويغيبون المستقبل، لذلك فإن

---

1. ينظر: كنعان، حسني، أبو خليل القباني باعث نهضتنا الفنية الحديثة، مجلة الرسالة، دمشق، العدد804، 29 تشرين الثاني 1948م، ص1.

وصف التاريخ بأنه أحداث غير حركية مسألة لا تاريخية، كما أن التعامل مع التراث من خلال الوجدان أمر يسقطهم في الطروحات السلفية المتقدمة للتراث، وذهب إلى أن الخطوة الأولى التي ينبغي أن تتوافر عند العرب في تعاملهم مع تراثهم هي نقد العقل العربي، أي لا بد من خلق قطيعة أبستمولوجية مع بنية العقل العربي في عصر الانحطاط، الذي اعتمد الفهم التراثي للتراث، فالمهم أن نحتوي التراث بدلاً من أن يحتوينا، حتى لا تكون الذات جزءاً من هذا التراث، لأن فصل الذات عنه كفيل بربط العلاقة بينهما بشكل عقلاني، وبالتالي تكوّن تصور موضوعي عن هذا التراث نفسه[1].

وكان القباني مقتنعاً بأن استلهام الحكايات التراثية المملوءة بالمواعظ، وشيء من الغناء والرقص، يمكن أن يساعد على تقريبها من مختلف الأذواق الشعبية، ويمكن للمتابع أن يستشف أن القباني كان يقدم عروضه لجمهور جديد مختلف، بهدف إيقاظ الوعي لديه، وقد دهش الجمهور لهذا الفن الجديد، وتفاعل الناس مع فنه وما يحتويه من مضامين ترتبط بالمحيط ذاتيّاً ومجتمعيّاً، مما مكنه من التعبير عن جوهر الثقافة العربية وإمكانات تفاعلها مع الآخر ومكوّناته الثقافية، وفي ضوء ما حققه من ثورة ثقافية، فقد تم تناول تجربته المسرحية من قبل النقاد والباحثين بكافة تفاصيلها الفنية والجمالية.

---

1. ينظر: الجابري، محمد عابد، نحن والتراث، دار الطليعة، بيروت، ط2، 1983م، ص(23-30).

ونتيجة للنجاح الذي حققه مشروع القباني، وقفت القوى الرجعية بشراسة ضد تجربته المسرحية متذرعة بالأسباب الأخلاقية، حيث شكل الشيخ الغبرا أداة من أدوات الإطاحة بالقباني ومشروعه، فقد "كان له جسارة في الأمور ودأب عظيم، وكان يخيل له أنه من كبار العلماء المدرسين"[1]، ورغم تعدد التفسيرات لأسباب الهجوم على مشروع القباني، إلا أن الدوافع الأخلاقية لم تكن إلا قناعاً أخفى أسباباً أخرى، وقد أكد (الكيلاني) حتمية الصدام بين عناصر الرجعية وولادة المسرح، معللاً ذلك بالموقف العام من كل جديد، ورد ما لاقاه القباني إلى ملابسات شخصية، حيث ذهب إلى أن "أبا خليل بما فطر عليه من لطف الحسن، قد تنبه إلى الخطر المحدق بحركته الفنية، وهي ما تزال في مهدها، فعمد إلى استرضاء زعماء الرجعية المتسلطين على الجهال والرعاع فقاسمهم الربح. ويظهر أن نصيب أحدهم؛ الشيخ سعيد الغبرا، الذي تسلط على عقول العامة ببيانه ولسانه، كان ضئيلاً، فشد رحاله إلى الأستانة، عاصمة الخلافة، بعد أن أعجزته الحيلة عن محاربة أبي خليل القباني في بلده"[2]، يعزز مسعاه قيام ما يقرب من ستة وعشرين شخصاً من شيوخ وأعيان دمشق بالتوقيع على المضبطة التي حملها الشيخ (الغبرا) إلى الأستانة، ولو كان ثمة عداء شخصي قد نشب بين القباني والشيخ

---

1. البيطار، عبد الرزاق، حلية البشر في تاريخ القرن الثالث عشر، تحقيق: محمد بهجة البيطار، مجمع اللغة العربية، دمشق، 1963م، ج2، ص651.

2. مصطفى، شاكر، القصة القصيرة في سورية، ص208.

سعيد، فإن ذلك لا يشكل العنصر الجوهري في القضية، ولا يعد السبب المباشر للحملة التي تشكلت في أوساط الرجعية.

لقد صور أعداء القباني مشروعه بأنه بدعة، وهذا الموقف لا يخرج عن كونه صرخة ضد التحول الاجتماعي، وقد ذهب (سعد الله ونوس) إلى وجود ثلاثة عوامل رئيسة أدت إلى الوقوف ضد مشروع القباني هي:

الأول: أن ظهور المسرح كان جزءاً من حركة التنوير التي رافقت صعود البرجوازية في المجتمع، وكان ذلك يلبي حاجة من الحاجات الثقافية والاجتماعية لهذه الطبقة الصاعدة، فالمجتمع البرجوازي الذي يتكون ويناضل لذلك التكوين، كان يحتاج إلى أسلوبه الخاص في التعبير الفكري والأدبي وفي الإنتاج الاقتصادي وفي العلاقات الاجتماعية والسياسية، والظاهرة المسرحية التي انبثقت من حركة النهضة، كانت في الوقت نفسه شكلاً ثقافياً جديداً، يعكس هذه النهضة، ويؤكد قوة الطبقة التي تضطلع بها، في فترة انقلاب اتقدت فيها الحماسة للانفلات من سجن الانحطاط، وبدأت أفكار اليقظة القومية تنتشر كالهزات، وتنامت الرغبة في توكيد الذات واللحاق بركب المدينة.

الثاني: يرتبط بالطابع الاجتماعي للظاهرة المسرحية، فقد تميز الرواد الأوائل للمسرح العربي بإدراك عميق لشروط البيئة، وذهنية المتفرج الذي يتوجهون إليه، ولهذا لم يحاولوا نسخ التجربة المسرحية نسخاً، بل طوعوها وأكسبوها نكهة

محلية، ولا ريب أن تلك المسرحيات التي كانت تحفل بالجدة والارتجال والتجارب النشطة كانت مقلقة ومخيفة، ففي غضون تلك الاحتفالات شبه العفوية، كان المتفرجون يعيشون متعة جماعية، ويشعرون بالتساوي فيما بينهم، وكانوا يتعلمون وعي حالتهم وأوضاعهم بالتدخل في سياق الرواية، والتعقيب على مواقفها، وتبادل الاستجابات المتنوعة حيالها، وحين يعيش المتفرجون ضمن احتفال متجدد فإنه يتحقق التأثير والتغيير، بكيفية أخصب وأكثر تشعباً، وكانت الرجعية تلاحظ بانزعاج قوة التأثير والتغيير هذه، فلم يرق لها ذلك.

الثالث: يتعلق بأخطر عناصر الظاهرة المسرحية وهو (التشخيص)، فالنظم الإقطاعية الدينية تعتمد في سيطرتها على تأكيد الحدود الصارمة بين الطبقات، وهي تعتمد تارة على احتكار اللغة والكهنة، وتارة على إسباغ قدسية إلهية على ممثليها حيناً، لتضفي على نفسها نبلاً وسمواً لا متناهياً، وحيناً تلجأ إلى اختلاف الزمرة الدموية، وقد تستخدم كل هذه الوسائل مجتمعة، لكن ما يعنيها هو أن تظل بهالتها القدسية فوق الشعب، ورواية قسطندي رزق عن قيام رجال الدين بسبب ظهور هارون الرشيد على المسرح تبدو معقولة جداً، لكن ذلك لم يكن غيرة على الخليفة الذي تقلصت شخصيته لتظهر بصورة رجل عادي، ربما كان يلثغ، أو يبالغ في الأداء، أو تبدر منه حركات مضحكة، وما ينطبق على الرشيد ينطبق على سواه، وإذا تجرؤوا اليوم وشخصوا الخليفة، فما الذي يمنعهم غداً من تشخيص أعيان دمشق، وحكام السلطنة، والعلماء ذاتهم، ويمكن بالتشخيص أن

يجعلوا منهم أضحوكة، بل ويتعلم الناس التطاول عليهم"[1]، ويرى المؤلف أن القباني قد استلهم من التراث ما يعبر عن أمجاد العرب وبطولاتهم، وأن مسرحياته لم تخل من مختلف عناصر الثقافة العربية، حيث حفلت بكثير من الأشعار العربية فضلاً عن الألحان والأغاني والنوادر ومختلف الفنون الشعبية، التي تخللت ثنايا الأحداث المسرحية، فجاءت بذلك نابعة من وجدان الشعب وضميره الجمعي، وملتصقة بهمومه وتطلعاته.

إن وظيفة المسرح عند القباني، هي وظيفة تقوم على ترسيخ القيم الأخلاقية المثلى في المجتمع، وحينما اختار التراث وحكاياته، فإنه أراد من خلال ذلك أن يقدم لأبناء المجتمع العربي ما يعظهم عبر تلك الحكايات القريبة من ذائقتهم، ففي مقدمة مسرحية (هارون الرشيد مع أنس الجليس) يعرض أفكاره تلك في مجموعة من الأبيات الشعرية قائلاً:

"مراسـح أحـرزت تمثيل من سـلفوا

وعظـاً وجـاءت لنـا عنهـم كمـرآة

نمثـل اليـوم أحـوال الألـى سـبقوا

مـن طيبـات لهـم أو مـن إساءات

عسـى يكـون لنـا فيمن مضـى عبرٌ

تُجدي ونعلـم أنّـا عبـرةُ الآتـي

---

1. ينظر: ونوس، سعد الله، الأعمال الكاملة، الأهالي للطباعة والنشر والتوزيع، دمشق، ط1، 1996م، ص(60-64).

عسـى نكـون كرامـاً إذ يشـخّصـنا

مَـن بعدَنـا أوْ فَيَـا طـول الفضيحات

فالحـر إن مـات أحيتـه فضائلـه

والوغـد ـإن عاش- مقـرونٌ بأموات

هـذا هو القَصْدُ مـن تمثيل من عبروا

لا اللهو والزهو والإعجاب بالذات[1].

وبذلك فإن القباني يوظف التراث بما يحمله من تجارب جاهزة، لبث العبرة والموعظة عن طريق التمثيل أو التشخيص، وبالتالي يأخذ المسرح دوره الإصلاحي، حيث يقوم بالتنوير والتثقيف لأفراد المجتمع، "والمسرح عنده منبر أخلاقي، يدعو من خلاله إلى تهذيب النفس والتمسك بالفضيلة، والأخلاق الحميدة، وهو مرآة للواقع المعيش، وعامل من عوامل الإصلاح، وذلك عندما يسلط الأضواء على الفساد الذي يسوس البلاد، بهدف تنوير المواطن ودفعه للقيام بعمل ما، لتغيير هذا الواقع، ومحاولة بناء واقع أفضل"[2].

لذلك توجه القباني نحو التراث العربي، الذي شكل بالنسبة له مجالاً واسعاً للاستلهام المسرحي، حيث وجد فيه مقومات فكرية وإبداعية، تمكنه من التعبير عن الهموم والقضايا التي تشغله،

1. إسماعيل، سيد علي، جهود القباني المسرحية في مصر هارون الرشيد مع أنس الجليس، مؤسسة هنداوي، القاهرة، د. ط، 2017م، ص285.

2. حمو، حورية محمد، تأصيل المسرح العربّي بين التنظير والتطبيق، منشورات اتحاد الكتاب العرب، دمشق، 1999م، ص107.

بل وتدعم بحثه المشروع عن ثقافة عربية أصيلة، تعبر عن ذاته، ومن خلال ذلك، وجه الاهتمام نحو كتابة مسرحياته باللغة العربية الفصحى، وذلك حفاظاً منه على الهوية العربية، في ظل سطوة المستعمر الذي أراد ترسيخ ثقافته ولغته في البيئة العربية، وقد اعتمد القباني المرجعيات التاريخية في بعض مسرحياته، ولم يكن مكتفياً بالتوظيف الخارجي للمعطى التاريخي، حدثاً كان أو شخصيةً، بل عمد إلى جعله جزءاً من بنية النص، وذلك لتحقيق أهداف فنية ودلالية، هي بالتأكيد تضفي على الإبداع قيمة مضافة، ويمكن القول إن العلاقة بين المسرح والتاريخ عند القباني، ليست علاقة بسيطة، أو صيغة مسطحة، إنما هي علاقة مركبة متشابكة، لكون المسرح يعتمد حساسية خاصة في التعبير عن الوضع الحضاري.

إن المعالجة الأدبية والفنية للتراث من قبل القباني، قد أكدت الحفاظ على أسلوب الحكاية الأصلية، وآلية بناء الشخصيات ومعالجة الأحداث فيها، مع الحفاظ على ملامح البيئة المحلية المعبرة عن المجتمع العربي، وقد عبر القباني من خلال مسرحياته عن الأزمات المتلاحقة للإنسان العربي في بيئة يسودها التخلف، وتحكمها الخرافة، وتعيش عدداً من التناقضات الاجتماعية والسياسية والأخلاقية، "فالحب وما يعترضه من مشاق، كما في مسرحية هارون الرشيد مع أنس الجليس. والسحر والوقائع الخارقة، كما في مسرحية محمود نجل شاه العجم. والحسد والغيرة كما في مسرحية هارون الرشيد والأمير غانم بن

أيوب وقوت القلوب. والوشاية والكذب كما في مسرحية عفيفة أو عاقبة الصيانة وغائلة الخيانة. والغدر والبطولات الخيالية كما في مسرحية عنترة؛ هي سمات الإنسان الذي ألمحنا إليه"[1].

ويمكن ملاحظة هذا التوجه في أول عرض مسرحي قدَّمه القباني في مصر لمسرحية (أُنس الجليس) عام 1884م، التي كتبها القباني نثراً وشعراً، ووشحها بأغانيه وألحانه، وبالحركات التوقيعية الموسيقية من رقص السماح؛ لتشكل باكورة من بواكير الأوبريت المسرحي العربي الاستعراضي في مصر، وهذا الالتزام من قبل القباني بمعطيات رسالته، عززته قدرته في امتلاك أدوات الكتابة المسرحية البسيطة والمباشرة والواضحة، التي كانت أقرب ما تكون إلى السهل الممتنع، وقد بدا ذلك واضحاً من خلال حواراته النثرية وأشعاره التي كان يستخدمها في مسرحياته، والتي جاءت مناسبة لذوق الجماهير العربية المسلمة، وتطلعاتها الاجتماعية، بوصفها من الجماهير البسيطة المتشوِّقة لسماع الحكم والمواعظ والعبر، والتي لم تألف رؤية وتذوق الجوانب السمعية والبصرية للمسرح العربي.

وفي مسرحية (قوت القلوب) التي كتب القباني معظم أشعارها وموشحاتها وأغانيها، وقام بوضع جميع ألحانها، وقد عرضها باسم (قوت القلوب) تارة، وباسم (قوت القلوب مع غانم

___
1 لوقا، إسكندر، الحركة الأدبية في دمشق 1800-1918، اتحاد الكتاب العرب، دمشق، 2008م، ص177-178.

بن أيوب) تارة أخرى، وتم طبعها باسم (هارون الرشيد مع الأمير غانم بن أيوب وقوت القلوب)؛ نصٌّ تخييليٌّ، وله عقدة غرامية استلهمها القباني من حكاية (التاجر أيوب وابنه غانم وبنته فتنة) من حكايات (ألف ليلة وليلة)، وهي تستغرق من الليلة الثانية والخمسين إلى الليلة الستين، بعد أن خلّصها مما يشينها من العبارات غير اللائقة، والإيحاءات الجنسية، والكلمات الفاضحة، وما يتنافى مع الشريعة الإسلامية، وما يتعارض مع العادات العربية وتقاليدها، وما يناقض مفردات رسالته المسرحية، ويعيق تحقيق هدفه وفق مبدأ حركة الإحياء بإظهار التراث في صورة مشرقة، وتتناول المسرحية قصة غانم الذي خرج من الشام للتجارة، ولما وصل العراق حقق كثيراً من الأرباح والمكتسبات المادية، لكن صديقه التاجر عبد الغفار مات في الطريق واضطر إلى دفنه في أحد قبور بغداد، وعندما انتهى الدفن عاد المشيعون إلى المدينة، بينما تأخر هو في البكاء على صديقه وتأمل الموت، ولما عاد وجد أبواب المدينة قد أغلقت، مما دفعه للعودة إلى المقبرة، وصار يندب حظه العاثر:

فقـد فارقتُ خلّانـي وأهلي	"إلهي سيدي مولاي كنْ لـي
أتيـت لبابـك العالــي بذلّـي	أغثني سيدي فسواك مَن لـي
فإن لم تعفُ عن ذنبي فمن لي	
على حالي ومن حسن اتكالي	إلهي زاد بي فرط اشـتغالي
مقـرّاً بالجنايـة وامتثالـي	أتيتـك قاصداً يـا ذا الجلال
لأمـن النفـس فـي عقـد وحَـلِّ	

إلهــي ســيدي مولــى المـوالي   أتيتــك قاصــداً والجســم بالي

مقـرّاً بالذنـوب وسـوء حالي   ومعترفــاً بــأوزارٍ ثقــالِ

أُقــاد لحملهـا طوعــاً لجهلي"[1].

وفجأة يرى غانم مجموعة من العبيد يحملون صندوقاً
يضعونه داخل المغارة، وبعد ذهابهم ينزل غانم من الشجرة
التي كان يتستر بها، ويتجه نحو الصندوق معتقداً أن فيه كنوزاً
وأموالاً، لكنه يجد داخله الجارية الحسناء (قوت القلوب)، جارية
الخليفة هارون الرشيد، فيهيم بها عشقاً:

وعذري الهوى العذري وهو يمين   بــه مقسـم التبريــح ليـس يميـن

لأفتـك من ضرب الصفـاح تبين   عيون علــى السـحر المبين تبين

يُســالمها العشــاق وهـي تخـون

عجبـت لها تنسـى وقلبـي حافظ   وإنسـانها يسبي النهى وهو واعظ

وأعجب من ذا الفتك وهي لواحظ   مــراض صحاح ناعسـاتٌ يواقظ

لهــا عند تحريك الجفون سـكون

فآهٍ لها مرضى على شـدة الكرى   وهاروت عن أجفانها السحر قد روى

ولا ذنب للولهان في شـدة الجوى   إذا أبصرت شـيئاً خليّاً من الهوى

تقــول له كـن مغرمــاً فيكون[2]

ومع تسلسل الأحداث تكتشف الجارية ما حل بها، وتخبر

<hr>

1. إسماعيل، سيد علي، جهود القباني المسرحية في مصر رواية هارون الرشيد
مع الأمير غانم بن أيوب وقوت القلوب، سيد علي إسماعيل، ص514.
2. المصدر نفسه، ص515.

غانم بأنها جارية الخليفة هارون الرشيد، وأن زوجته زبيدة أرادت التخلص منها بسبب غيرتها، في محاولة للتفرد بالخليفة، ويسوقها قدرها إلى حكاية جديدة مع غانم، حيث تعجب فيما بعد بشجاعته وأخلاقه السامية، ويحب كل منهما الآخر، ويقرران الزواج، وفي مشهد آخر، تقيم زوجة الخليفة مأتماً لقوت القلوب التي أحبها الخليفة حبّاً جنونيّاً إلى درجة إهماله لواجبات الدولة، وما إن يعود هارون الرشيد من رحلته حتى يُفاجأ بخبر موت قوت القلوب، فيبكيها بكاءً حارّاً، ويعلن الحداد في البلاد:

ملك: "صبراً على الدهر الجاني، الذي لم يرع حقِّي ومكاني؛ فحتّامَ هذا الحال الشنيع؟ وإلام هذا الحزن المريع؟ قوت القلوب كانت في مدتها لي أنيسة، وعلى حفظ حقوقي حريصة، فاغتنم الدهر الفرصة، حتى تجرَّعت مني الغصة، وعاندني جهاراً، وانهمل دمعي مدراراً، وانهزم جند الأفكار، بهجوم جيش الأكدار، لعمري هذا هو البلاء العظيم، والشقاء الجسيم... اكشفوا لي عن قبرها؛ لأرى ضجيعها في سراها.

عجوز: أيها الملك المعظَّم، والشهم العادل المكرم، فأنت السيد السديد والكامل الرشيد، أسألك بالذي رفعك إلى هذا المقام، أن تسمع مني هذا الكلام؛ لأن الدنيا قاطعة مانعة، والآخرة جامعة نافعة، واتبع رضا

المولى بالتصبر على المصائب، والتجلد عند حلول النوائب، ولا ينبغي لمولانا السلطان، كثرة الهموم والأحزان، على جارية مرغوبة وغادة محبوبة، وفي ملكه ما يغنيه عنها، وفي قصره أجمل منها.

النـــاس للمـــوت كحبـــل الطــراد

فالســـابق الســـابق منـــه الجواد

واللـــه لا يدعـــو إلـــى داره

إلا من اصطلـــح من ذي العباد

والمـــوت نقَّـــاد علـــى كفـــه

جواهـــر يختـــار منهـــا الجياد

ملك: أيتها الجواري، قد ازدادت أشجاني، وتلهبت نيراني، ولا يمكنني أن أخرج من هذا المكان، لما اعتراني من الهموم والأحزان، فأتوني بشيءٍ عليه أنام، لعلي أراها ولو في المنام".[1]

وتشفق الجارية (جليلة) على الخليفة بعد حالة الحزن التي تنتابه وتخبره بحقيقة ما قامت به زبيدة، وأن الجارية الحسناء قد ذهبت مع عشيقها غانم إلى الشام، فيغضب الخليفة لذلك ويطلب من جعفر ومسرور إحضار الجارية قوت القلوب وقتل غانم ولو كان في باطن الأرض، لأنهما ارتكبا خطيئة الوصال غير الشرعي:

---

1. المصدر نفسه، ص520.

"**ملك:** يا جعفر، قد علمت بالخبر اليقين، وظهر لي ما خفي على العين، وعرفت ما جرى لقوت القلوب، وأرشدني للحقيقة علَّام الغيوب، وظهر لي ما دبَّرته تلك العجوزة الغادرة والخائنة الماكرة؛ فقد فعلت بجاريتي ما فعلت وصنعت بها ما صنعت، وقالت إنها في هذا القبر دُفِنت، فاذهب وفتِّش على غانم بن أيوب، وأوقع به الكروب، واقتله بلا مهل، وأحضر جاريتي على عجل، وإن لم تجده فاكتب لعامل الشام أن يقتله ويذيقه الإعدام.

جعفر: أمرك أيها الهمام، سأسير من الآن، وأفتش على ذاك المهان، وأوقع به الذل والهوان"[1].

وعندما تم إحضار الجارية الجميلة قوت القلوب، قام الخليفة بسجنها وقرر إعدامها، وحينما حان وقت ذلك وضع على عينيها غطاءً لتنفيذ الحكم، وهنا بدأت تناجي حبيبها غانم وتصفه بالشرف وبراءة حبهما، فسمعها الخليفة وفك أسرها وطلب منها أن تسأله ما تريد، فاختارت الزواج من حبيبها غانم فقبل الخليفة وسعت جاهدة للبحث عنه بعد أن عبث الخليفة بممتلكات أسرته في الشام، حتى توصلت إلى عشيقها غانم الذي بدوره وجد أمه وأخته، وقررا الزواج بمباركة الخليفة الذي أراد بدوره أن يتزوج أخت غانم الحسناء (فتنة)، فكانت الفرحة عارمة، وحظي

____

1. المصدر نفسه، ص521-522.

غانم وقوت القلوب بكثير من الأعطيات والمنح، وعمت حياتهما الحب والسعادة.

ومما يُحسب للقباني في كتابته لهذه المسرحية أنه لم يقتبس بيتاً واحداً من أبيات حكاية الليالي، واستعاض عن ذلك بكثيرٍ من أشعاره المؤلَّفة، وبقليل من أشعار القدماء والمعاصرين المقتبسة، أمثال: قيس بن ذريح، وطرفة بن العبد، وليلى الأخيلية، وابن الرومي، ومحمد بن داود الظاهري، وأبي العتاهية، والمفتي فتح الله، والأفوه الأودي، وعلي بن الجهم، وحسام الدين الحاجري، وكمال الدين بن النبيه، وعائشة التيمورية، وكان يتأنَّى في صياغة أعماله المسرحية، ويتأمل في اقتباساته الشعرية، بحيث يكون الاقتباس مناسباً للموقف الدرامي، دالاً عليه دلالة قوية، مؤثِّراً في جمهوره تأثيراً وجدانيّاً، وإذا كان الاقتباس لا يفي بذلك قام القباني بتطويعه بصورة فنية شعرية، حتى يجعل العمل دالاً وفق رؤيته الدرامية، وكان يحوِّل المعنى النثري في حكاية الليالي إلى حوار شعري في المسرحية، بعد تهذيبه وتشذيبه مما يجرح الروح العربية الإسلامية، وكل ذلك جاء بما يتوافق مع رسالته المسرحية التنويرية[1].

وإذا كان معارضو القباني قد هاجموه لكونه قد قدم شخصيات رفيعة الشأن كهارون الرشيد، بصورة تحط من شأنها، فإن ذلك لا يتوافق مع آليات الاشتغال على التاريخ من وجهة نظر

---

1. ينظر: المصدر نفسه، ص97-99.

المبدع المسرحي، فمهمة الكاتب المسرحي هنا ليست تسجيل الأحداث التاريخية، وإنما تقديم منتج إبداعي يتخذ من الماضي وسيلة لمعاينة الحاضر، مستعيناً بخبرته الإنسانية في استحضار جوهر التاريخ، بما يتلاءم مع طبيعة المشكلات المعاصرة، إذ "إن علاقة كاتب ما بالتاريخ ليست شيئاً خاصّاً ولا معزولاً، إنها عنصر مهم من العناصر التي تؤلف علاقته بكامل الواقع، لا سيما المجتمع، وهذا لا يعني طبعاً أن علاقة الكاتب بالتاريخ يمكن أن تساوى ميكانيكيّاً بعلاقته بالمجتمع المعاصر، بل العكس؛ حيث يوجد تفاعل معقد جدّاً بين علاقته بالحاضر، وعلاقته بالتاريخ، إلا أن فحصاً نظريّاً وتاريخيّاً أدق لهذه العلاقة، يبين بأن علاقة الكاتب بمشاكل الحاضر الاجتماعية حاسمة"[1]، وهذا الموقف لا يلزم المؤلف المسرحي بالتقيد بتلك الحقائق وعدم الخروج عليها، لكونه لا يكتب بحثاً تاريخيّاً، وإنما عملاً إبداعيّاً يقدم من خلاله فكرة جديدة خلاقة ترتبط بالواقع، فالمؤرخ يحكي ما حدث مجرداً من الخيال وإن أظهر ما في التاريخ من أسس إنسانية، بينما الأديب يفسر ويتخيل ويستنبط الحقائق الكلية التي تصدق على الواقع، وهو يقرأ حقائق التاريخ ويتخيلها، ثم يترك لوحيه الفني أن يلهمه صوراً لا تكذب على التاريخ بمعطياتها.

لقد آمن القباني بالتراث العربي الإسلامي كمصدر حضاري تنويري، فهناك اشتباك وحضور متبادل للتراث والآخر في

ــــــــــــــــــــــــ
1. لوكاش، جورج، الرواية التاريخية، ترجمة: صالح جواد الكاظم، وزارة الثقافة والفنون، بغداد، 1978م، ص241.

وعي الذات العربية القارئة، لتصبح كل قراءة للتراث قراءة للآخر، وكل قراءة للآخر قراءة للتراث، وغياب الجدل الفاعل مع التراث والآخر؛ أو فقدان الذات العربية لفاعليتها، هو ما يجعل الإنسان العربي يلجأ إلى الاحتماء بالتراث، كي يبتعد عن التقليد والتبعية للمنتج المعرفي الغربي، الذي قد يأتي أحيانا مشوباً بالمخاطر، من هنا جاء مشروع الريادة والتجديد عند القباني ليشكل إعادة لبعض الحيوية لمعطيات التراث العربي الإسلامي، وذلك بخلقه لحوار حضاري لا ينفصل عن ثنائية الأصالة والمعاصرة، فوظف التراث بما يتناسب مع رؤيته الفلسفية، دون التخلي عن الأمانة العلمية في الحفاظ على أصالة المصدر التراثي، محاولاً ربط الذاتي بالموضوعي وذلك لإكساب التجربة بعداً إنسانيّاً، وكان أهم ما وصل إليه، هو أنه قد أعاد ربط الصلة بالتراث العقلاني في تاريخ الثقافة الإسلامية، مانحاً الفكر المعاصر فرصة استئناف دوره التنويري.

(3)

صورة هارون الرشيد في مسرحية

"العبّاسة" لعزيز أباظة

عُرف عزيز أباظة فجأة كشاعر عندما نشر في سنة 1943م ديوانه (أنَّات حائرة)، الذي خصصه لرثاء زوجته، ثم نشر بعد ذلك الديوان قصائد أخرى من الشعر الغنائي؛ ورغم نزعته التقليدية المحافظة على عمود الشعر العربي، إلا أنه في عام 1943م فاجأ الجمهور المصري بأول مسرحية شعرية له، وهي مسرحية (قيس ولبنى)، التي أتبعها بعدة مسرحيات شعرية أخرى استقاها من تاريخ مصر، ومن تاريخ العرب الحقيقي أو الأسطوري، قبل أن ينتهي أخيراً إلى كتابة مسرحية (أوراق الخريف) عام 1957م، ولأباظة كذلك من إشراقات السيرة الذكية، وهو شعر ملحمي، ثم (تسابيح قلب) عام 1974م وغيرها من المؤلفات التي نشرتها ابنته عفاف بعد وفاته.

تأثر عزيز أباظة في مسرحه الشعري بأمير الشعراء أحمد شوقي من ناحية اختيار الموضوعات وأسلوب البناء الفني، فظهرت فيها الغنائية بشكل واضح، وتم من قبله الاحتفاء بالأسلوب، وفي الوقت الذي غلف فيه المسرحية الشعرية

91

بصورتها الدرامية "فقد خلت مسرحيات شوقي الشعرية من تلك النزعة الدرامية، فخلت من الإثارة والانفعال المشوق والمثير، وإن بقيت نغماً يهز العاطفة بالترنيم والإنشاد مع طلاوة الشعر وحسن السبك.. ولأول مرة تقوم المسرحية الشعرية في الأدب العربي على أساس درامي، وهو ما خلت منه مسرحيات شوقي وإن حفل القصص التي قامت عليه مسرحيات شوقي بالمواقف الدرامية المثيرة"[1].

ويجتهد أباظة في بيان خصائص لغة الشعر المسرحي حيث يقول: "ولعل من مميزات الشعر وفضائله أن فيه مرونةً تتيح للشاعرِ أن يلِم بمعان عديدة متشعبة في خَطْرة ذهنية واحدة، هذا إلى جانب ما له من طلاوة وإيقاع وموسيقى، تتبارى كلها في إحداث أثرها الرفيع"[2]، وبذلك فإن أباظة يؤكد أهمية الشعر في المسرح، وضرورة أن تكون لغة المسرح لغة شعرية، وحول ذلك يقول: "الشعر في رأيي هو أنسب لغة للحوار على المسرح، فللسذج من النظارة القصةُ ـكما يقول إليوت ـ وللمتأدبين منهم الديباجةُ المشرقة، ولهواة الموسيقى الإيقاع وجمالُ النغم، ولذوي الحساسية المرهفة المعاني البعيدةُ التي لا تلبث أن تنجلي رويداً رويداً. إن الشعر له أثره في ضروب النظارة على تباين مشاربهم وأذواقهم، ولكنه أثَر يختلف منفعلاً باختلاف تذوقهم واستجاباتهم. وتجمع العلاقة بين الشعر والمسرح موضوعين مميزين، ويمكن

---

1. فوزي، نوران حسين، شاعر الإسلام والعروبة عزيز أباظة، الهيئة المصرية العامة للكتاب، المكتبة الثقافية، القاهرة، 1990م، ص129.
2. أباظة، عزيز، مسرحية شهريار، مطبعة مصر، القاهرة، 1955م، ص نفسها.

أن تتوارد في شأنهما على الأخلاد أسئلةٌ كهذه الأسئلة: إلى أي مدى يمكن أن تكون المسرحية شعراً؟ وما هو أنسب ألوان الشعر للمسرحية الحديثة؟ وهل المسرحية شعر؟"[1].

وقد عمل أباظة على اختيار موضوعاته من التاريخ العربي والإسلامي غالباً، ففي عام 1947م قدم مسرحية (العباسة)، وهي تتناول قصة من القصص المتداولة في التاريخ العربي الإسلامي في إطار اجتماعي وسياسي وديني، وهي قصة العباسة أخت هارون الرشيد مع جعفر بن يحيى البرمكي، التي ربطها المؤرخون العرب ربطاً وثيقاً بالنكبة التي أنزلها هارون الرشيد بالبرامكة، وهذه القصة تم تناولها في الفصل السابق بشيء من التفصيل.

وربما استهوى الموقف الرومانسي شبه الأسطوري في تلك القصة عزيز أباظة، فلم يدقق بأن التاريخ لم يَخلُ من تعسُّف واضح؛ لأن المؤلف المسرحي ليس ملزماً بأن يستقصي كافة وقائع التاريخ وحقائقه، بل له أن يختار منها ما يواتي هدفه الدرامي فحسب، إلا أنه يخيَّل إلينا أن عزيز أباظة قد أمعن النظر في هذا الأمر، وأخذ به عندما ألف مسرحية العباسة، فلم يقنع في تصوير مأساة البرامكة بقصة زواج جعفر من العباسة ومخالطتها، رغم حظر الرشيد لتلك المخالطة، بل درس الأسباب العميقة لتلك المأساة، وأثبت في آخر مسرحيته قائمة بالمراجع العربية والأجنبية التي تحدَّثت عن تلك المأساة، وهي تقرب من

____

1. المصدر نفسه، ص نفسها.

الثلاثين مرجعاً، ومن بينها طبعاً رواية العباسة، وهي إحدى قصص جرجي زيدان التاريخية المعروفة[1].

يقدم لنا أباظة من خلال مسرحيته قصة العباسة التي وثقت صلتها بمحبوبها بـربـاط شـرعـي، لكن ذلك شكل جزءاً من الصراعات السياسية والشخصية التي حفل بها عصر الرشيد، وبذلك حاول أباظة أن يرسم لنا ذلك التأثير الاجتماعي المرتبط بصورة أو بأخرى، في السياسة الداخلية للدولة بأكملها، فالحب أحياناً يكون شرارة تشعل على إثرها حرائق تنخر استقرار الشعوب، وهذا ما تحقق من خلال زواج أخت الرشيد من جعفر بن يحيى البرمكي، مما جعل الرشيد ينكب البرامكة جميعاً.

وفي هذه المسرحية تظهر العباسة وهي تعيش علاقة غير طبيعية مع الرجل، سواء الذي يتمثل بالزوج، أو الذي يمثل قهر المجتمع بضغوطه وأعرافه وتقاليده، ومنذ بداية الأزمة، نلاحظ أن العباسة ظلت تراهن على العفو والتسامح من قبل الرشيد، ولم تتردد في البحث عن حل لأزمتها دون أن تناقش مبدأ خطأ زوجها أو تنكره، وهذه الأزمة تشكل محوراً للتعبير عن انفعالات العباسة، ولشدة ما لها من تأثير فقد ذهبت (علية) إلى وصف تلك العلاقة بأسلوب اتسم بالسلاسة، حينما وصفت علاقة الرجل بالمرأة بأنها قصة بين ظالم ومظلوم:

---

1. ينظر: مندور، محمد، محاضرات عن مسرحيات عزيز أباظة، الناشر: مؤسسة هنداوي سي آي سي، المملكة المتحدة، 1978م، ص (37-38).

"علية: قصة المرأة ما تروين من فجر العصور
هي في الخيمة والكوخ وفي قصر الأمير
نـسق لـم يتغير، في قـلـيل أو كثير"[1].

لقد أحبت العباسة جعفر البرمكي وأحبها، لكن الرشيد عقد زواجهما سرّاً، حتى لا يقال إنه زوج قرشية من أعجمي، لكنه في الوقت نفسه رفض أن يكون بينهما ما بين المرء وزوجه، وهذا ما جعلها تعبر عن رفضها لحالة الظلم التي تعيشها قائلة:

"العباسة: أعجمي، قال لا يرقى إلى بيت النبوهْ.

علية: كل فتيا حققت شهوة طاغ فهي نزوهْ.

العباسة: أبرم العقد بإيجاب صريح وقبول..
ثم قال الحل للعين.

عليه: هراء ما يقول
غير ذا ما شرع الله وما سن الرسول"[2].

وتأبى العصبية إلا أن تقف حجر عثرة في طريق الوصول إلى الزوج، ثم لا يلبث هذا السعير المتأجج أن يستحيل إلى رفض لما هي عليه من قبل هارون الرشيد، بحجة أنه لا يوجد تكافؤ بين العباسة وجعفر، لكن العباسة تستمر بموقفها ضاربة بعرض الحائط مركزَها الاجتماعي والسياسي، حيث يعتريها الضعف أمام

---

1. المصدر نفسه، ص149.
2. أباظة، عزيز، مسرحية العباسة، دار المعارف، القاهرة، 1965م، ص153.

الدوافع الطبيعية التي تتحكم في كل امرأة بغض النظر عن أي اعتبارات أخرى، تقول مخاطبة علية عندما تذكرها بأنها هاشمية:

العباسة: أتَرِيــنَ الهاشـمِيَّاتِ جَليداً أم حديِـدَا
نسـوةٌ أختَـاه يَحملـنَ قلوبـاً وجلــودَا
ويريْـن الحـبَّ كالجنَّـةِ قدسـاً وخلـودَا
ورضى الرَّحمن يؤتِيه مِنَ النَّاس السعيدَا
ويريْن المَيت فِي الحبِّ وإنْ جارَ شهيدَا
فطـرةٌ تُخلق فــي النَّاسِ ملـوكاً وعبيدَا
إن تَسَــامى الهاشـمِيَّاتُ بيوتـاً وجدودَا
فالهَوى أختَاه لا يَدري فروقاً وحدودَا[1]

وهذا الموقف الذي تثقفه العباسة، هو موقف يتجاوز كل الفروقات، ويرقى بنفسه عن العصبيات، لا سيما حينما يسود الحب بين اثنين، ولا يمكن لهما أن يلتقيا كزوجين رغم إبرام العقد بينهما، فوفقاً لأمر الرشيد لا يمكن لجعفر أن يستحل من العباسة إلا النظر، وهذا ما ولّد لديها صراعاً نفسيّاً داخليّاً، لكونها لم تهنأ بحبها لزوجها نتيجة للقيود التي وضعها الرشيد على تلك العلاقة، تقول:

العباسة: إنَّمَـا الفـارقُ بينَ النَّـاسِ أختَـاهُ وبيني
أنَّنِـي أهـوَى بنفسٍ وبقلبٍ ظَامِئيـنِ

---
1. المصدر نفسه، ص172.

وحَبيبــي هو زَوجي وهْوَ نُورُ المقلتينِ

وهـوَ لحــنٌ عبقــريٌّ قرَّ بيـنَ الشَّـفتينِ

وهو ظلُّ اللهِ في عينِي ومِلءُ الخافِقَينِ"[1].

وإذا كان منطق الدين يقوم على التأكيد بأن التكافؤ هو مظهر من مظاهر التجانس وليس التنافر، وبالتالي فإن جعفراً هو زوج مناسب، لكنه ليس كذلك ضمن المنطق العنصري السائد، وهذا ما يعمق الإحساس المشترك بالظلم عند العباسة وجعفر، فيثوران على تلك الأحكام الباطلة، وتشق العباسة عصا الطاعة، وتتأجج الثورة في نفسها، حيث تقول:

"العباسة:

ســلبت حـــق كل أنثـــى فأمســت

قـد طواهـا الحرمان في أعماقه

لا أبالــي كفـــاءة الــزوج إن لـم

تــك فـي فضلـه وأخلاقـه"[2].

وهكذا فإن العباسة ترى أن الكفاءة تكون في الفضل والأخلاق وليس في الدم العربي النقي، لذلك تعلن تمردها على الواقع الذي فرضه عليها الرشيد، لتبدو في كثير من مواقف المسرحية وقد احترق قلبها، مما جعلها تتمنى أن لو كانت خادمة تسعد بحبها بدلاً من كونهـا أميـرة هاشميـة تشقى بذلك، تقول العباسة متمنية:

1. المصدر نفسه، ص175.
2. المصدر نفسه، ص(203-204).

"العباسة:

وددت لـو كنـت فـي بغداد جاريـة

في بيـت صالحـة مـن أهـل بغداد

أظـل أقضـي لهـا شـتى حوائجها

وأتفـه الـزاد مـا أعطـى مـن الزاد

وأرتـدي الثوب من أخلاق ما خلعت

أزهـى بـه بيـن أترابـي وأنـدادي

حتـى إذا مـال ميـزان النهـار بنـا

فصلـت أهفـو إلى زوجـي وأولادي

وضعتهـم بجناحـي رحمـة وهـوى

كالطير تخشـى على أفراخها العادي

والـدار حانيـة تزهـو أسرتها

كما ازدهى بالنمير السلسل الوادي"[1].

وتؤسس حالة القهر التي تعيشها العباسة للتعبير عن القرائن القهرية المتعددة السائدة في الواقع، حيث يتم من خلالها تحويل الباطن الخفي إلى لغة وتأوهات معبرة، يتقبلها العقل، وذلك لإعطاء دلالة على عمق القهر والمعاناة التي تعاني منها العباسة نتيجة لممارسات الرشيد، الذي يمثل هنا السلطة الاجتماعية والسياسية بكل عنفوانها، ورغم ذلك لا تتردد في تجاوز كل تلك القيود، حينما تعبر عن أحاسيسها ومشاعرها نحو من تحب بعاطفة جياشة، تقول:

---

1. المصدر نفسه، ص244.

"العباسة:

أراكَ فيستشري بي الشوق والجوى

وشـوقُك للـدانـي الْمُلِـمِّ أليـمُ

وتنــأى فتطـغى بي إليـك نـوازعٌ

وداءٌ بأحنـاء الضلـوع قديـم

جرى في دمي حُبِّيكَ مذ نحن طفلة

وطفـل كمَوْشِـيِّ الصبـاح وسـيم

وسُـقْتَ إلـيَّ الـود وطفـاء ثَـرَّةً

وبعضُ مـودات الرجـال عقيـم

أقيـمُ على عهـد الـوداد حفيَّةً

بــه وعلـى الـود الصميـم تقيـم

وأسـعدني أني من السقم والهوى

ضَنِيـت فلـم أفـزَع وأنـت سـليم

شـواكل مـن وجد تصلَّيـت نارَها

فكاتمتـها إن المحـب كتـوم

إذا ما اشـرأبت بيـن جنبي صبوة

تداعـت لهـا نفـس عليـك رؤوم

أدافَـع لا أُطفـي ظمائـي وغُلتـي

ووِرْدك صـافٍ والجوانـح هيـم

تصابرت عن حق البُعول وحاجها

ونهنهـت عنها النفس وهي كظيم

وكنتَ أعـفَّ الناس نجوى ونظرة
حفاظاً وبُقيـا والكريـم كريم"[1].

ولا يمكن لهذا الأنموذج من النساء أن يستمد معناه في العمل الفني من ذاته فحسب، وإنما يضاف إلى ذلك كونها تشكل عنصراً من مجموعة عناصر متلاحمة في العمل الفني، فهي تتمتع بأنظمة متعددة للعلاقات التي تربطها بالشخصيات الأخرى في المسرحية، والتي تمكنها من التعبير عن آرائها الخاصة واتخاذ مواقف وردود أفعال تجـاه الأحداث المسرحية، تقول معبرة عن ثورتها المكتومة:

"العباسة:

أنا الزوج التي لم يشهد الناس لها بعلا

أنا الأيـم ذات الزوج لا أعلم لي مثلا

أنا الأم التي لا يعرف الأهل لها طفلا

حملت الثقل لم أقنط عسى أطرح الثقلا

وقلت غدا فرب غد قريب لاعم الشملا

فلـم يجمع علي الدهر إلا الظلم والذلا

طلبـت العـدل يـا نفسـي   فقومي فاجرعي العدلا"[2].

ويقدم عزيز أباظة شخصية (زبيدة) زوج الرشيد التي تعمل على تأزيم الأحداث، وتعد من أهم نساء الدولة العباسية وأكثرهن شهرة، وكان لها دورها في الخلافة، والواقع أن الروايات

1. المصدر نفسه، ص251.
2. المصدر نفسه، ص246.

التاريخية قد أكدت بأن زبيدة قد لعبت الدور الأساسي في مأساة البرامكة، وأنها هي التي حاكت خيوطها، وكان الرشيد يعهد إليها بكثير من أسراره، ولا تتردد (زبيدة) في دعم أساليبه الخفية من خلال قيامها بالتحريض على البرامكة، واستثارة الرشيد ضدهم حتى استطاعت في النهاية أن تتغلب على تردده وضعفه؛ ومن المتعارف عليه أنها كانت تكره البرامكة، وتود زوال سُلْطتهم؛ حبّاً في الرشيد، وحبّاً لرجوع السلطة إليه وإليها بشكل كامل، لذلك حينما شعر الرشيد بعظم المصيبة التي جلبتها عليه علاقة العباسة بجعفر، لم يتردد في أن يناقش ذلك مع زبيدة كي يستأنس برأيها:

"الرشيد: تعالَيْ!

زبيدة:

أمينَ اللـه، مـا لَـك عابسـاً
غضوباً، أمِنْ همِّ السياسة أم مِنّي

الرشيد: تعالي فَنَبِّينِي اليقينَ وخبِّري
ولا تحبسي شيئاً

زبيدة: فما شئت فاسألني

الرشيد:

نمـا لي حديـث ـيا زبيـدة- مُفظِعٌ
فزلزل من لُبِّي، وصدَّع من رُكني
أحقّـاً تخطـى جعفر سـتر خدرها
فـإن كان فالتنكيـل أهون ما يجني

101

زبيدة (في تهوين):

حسِبْنا الذي يضنيك همّاً مُبَرِّحاً

فلما بلونـاهُ وجدنـاه لا يُضني

الرشيد: وكيف؟

زبيدة: أما زوجتَها منه؟!

الرشيد: إنني

فعلت، ولكني نَهَيْتُ، ولكني..

ووكَّدت نهيي كَرَّةً بعد كرةٍ

أقول فأكُني، أو أقول فلا أكني

زبيدة (في تحريض):

تُحـرِّم مـا قد حَلَّـلَ اللـه للورى

لكي يرثـوا الدنيا، وتهدم ما يَبْني؟

إذا كنـتَ تنهـى أنـت، والله آمرٌ

فمَن منكما نُلْقِي له السمعَ؟ خبِّرْني!

الرشيد (في إصرار): عصوني

زبيدة: أطاعوا الله، هارونُ

الرشيد: أمسكي

أتهزأ بي أختي، ويخَتِلني خِدْني؟!"(1).

وعلى النقيض من ذلك نجد موقف الرشيد موقفاً تقليديّاً، حيث

____

1. المصدر نفسه، ص(275-276).

يبدو بصورة المحافظ الذي يعلي من شأن التقاليد والأعراف الاجتماعية على حساب تعاليم الدين الإسلامي من ناحية، وعلى حساب الجوانب الإنسانية من ناحية أخرى، لا سيما أن جعفراً والعباسة يعيشان سيلاً من العواطف والمشاعر الجياشة، يقول الرشيد مبرراً موقفه:

"الرشيد:

غــدا ســيقول النـــاس زوجــت حرة

قريشــية مــن غير كـفـء ولا قرن

وإن خـدور المجـد من آل هاشـم

أبيـح حماهـا للأعاجـم والهجـن

وإني لأخشـى قالة السـوء في غد

تقاذف كالدّفاع في البيد والمدن"[1].

وحينما علم الرشيد بولادة العباسة لابن من جعفر، استغلت (زبيدة) هذا الحدث، ومضت سائرة في أهدافها التي كانت تبحث عنها، ولما أفضى الرشيد بما يعتمل في نفسه لها، وهو يتحدث في هدوء خطِر، استمرت في خبثها وتحريضها مما عزز الحقد والغضب في نفس الرشيد:

"الرشيد: وقيل لها ابن!

زبيدة: هبْ! فأي عجيبة
إذا ذات زوج نضَّرت عيشَها بابن

---

1. المصدر نفسه، ص276.

الرشيد:

عجبـت لذاك العقل لم يـزَع الـهوى

ولـم يـردعِ الإغراء عنهـا ولم يثن

زبيدة (في خبث وتحريض): أتخشى ابنَها؟ هارونُ!

الرشيد: رحماكِ! فاصمتي

دعيني لأنواء تهوَّلْن في ذهني

زبيدة (في تحريض أشد):

حسـبتُك تخشـاه علــى الملك فــي غدٍ

إذا ضم سيفَ العُرْب والفرس في جَفن

الرشيد: عرضتِ لأمر لم يطُف لي بخاطر

زبيدة (في خبث): ظننتك تعني ذاك

الرشيد: بل غيرَه أعني

تعمَّدَنــي بالبغـي مُلـكاً وحُرمــة

فيا عدلَ جبار السـماوات سدِّدني

لمسـتُ بكفي إثمـه واجتـراءه

علــيَّ ولـم آخــذ بملتبِس الظن

وإني لأخشــى قالة السـوء في غدٍ

تَقــاذفُ كالدُّفَّاع في البيـد والمُدْن

بأنِّــي لِأجْل العـرض أثخنت فيهم

وللعرض قرَّاضون بالثلب والطعن

أشـيري برأي في الملمات زلزلت

فُجاءتُهـا لبي كما ضعضعت متني

زبيدة:

تريـث أميـنَ الله واجنـح لرحمة

فـــلــم يجـنِـيا ذنبــاً ...

الرشيد (في استنكار): أساخرةٌ مني؟!

زبيدة:

معـاذ رضـاك السـمح ظللتني بـه

فـسـوغني وِرد الـهـناءة والأمـن

ولكنـني أفضـي إليـك بمـا أرى

برغـم الذي أطـوي لجعفر من ضغن

ضممتَهما ذا شــارة وقسـامة

وخوداً يغار الحسـنُ فيها من الحسـن

وزوجتـه منـها وأدنيتـه لـها

علـى رفرف النعماء في ميعة السـن

وما اجتمع الجنسـان إلا انتشى وعر

بـد بـين العـيـن والفـم والأذن

فـلا تلـم الإلفـيـن فاللـه قـد بـرى

قلوب البرايا من جُموحٍ ومن وهْنِ"[1].

إن المؤلف يقدم لنا شخصية العباسة وهي تعيش مشاعر

---

1. المصدر نفسه، ص(276-277).

الحب المرهف الذي يتقدم لديها على العادات والتقاليد، وقد وضع عزيز أباظة مبررات درامية كثيرة لذلك، حينما صورها بأنها هامت حبّاً بجعفر، وعبرت عن حقيقة في نفسها تؤكد بأن الأميرات وبنات الملوك نساء لهن قلوب تنبض بالحب، والعباسة لا تخرج عن كونها امرأة كأية امرأة ومن المستغرب أن يغفل عنها الرشيد هذا الجانب، بل وينقلب حبه على جعفر حقداً فيأمر بقتله، وتهب العباسة تستجديه قائلة:

"العباسة:

اذكــر أميـر المؤمنيــن فجائعـي

واذكـر شــقائي زوجــة وعذابـي

واغفــر لــه بدراتــه وطماحــه

لا زلت تصدر عن هدى وصواب

إن كان عيـن العـدل مـا أزمعتـه

فارحم ـ رحمت ـ شبابه وشبابي"[1].

ومن الملاحظ أن المؤلف قد قدم شخصية العباسة هنا بوصفها المرأة المحبة الوفية لزوجها، وهي السياسية الماهرة والبارعة، التي تتخذ موقف الناصح الأمين لأخيها، وفي مواقف أخرى ظهرت بصورة الأم المحبة والمصرة على تكوين الأسرة، وما يتبع ذلك من حرص شديد على زوجها، وتفانٍ في خدمته والإخلاص الشديد له.

1. المصدر نفسه، ص277.

لقد حاول عزيز أباظة أن يستفيد ما استطاع من كل هذه الحقائق التاريخية في البناء الدرامي لمسرحية (العباسة)، ولكننا نخشى أن يكون قد بالغ في حشد الكثير من التفصيلات دون أن يستطيع تعميق الخطوط الدرامية، التي تصور الشخصيات الأساسية في مسرحيته، مثل هارون وزبيدة والعباسة، فنحن لا نلمح من خلال المسرحية ما أصاب شخصية هارون التاريخية من ضعف وتردد خلال مأساة البرامكة، كما لا نلمح المعالم النفسية للعباسة التي يصورها الرواة فتاة وسيدة رحبة الأفق، حصيفة الرأي، شجاعة في الحق، كما لا نلمح في النهاية ما عرفت به زبيدة من مكر ودهاء وخبث وعناد[1].

ومع ذلك، فإننا نلاحظ أن عزيز أباظة قد اقتصد في الأحداث الأساسية لتلك المأساة رغم التزامه بنصوص التاريخ التزاماً يكاد يكون حرفيّاً، ولم يغير فيها إلا عندما وجد أنه لا يستطيع أن يضمن مسرحيته كل التفاصيل التاريخية، وفي ضوء ذلك لم يبتعد أباظة عن تقديم جزء من الأحداث المرتبطة بالشخصية الرئيسة التي عرف عنها رجاحة العقل وحسن البصيرة، فحينما ثار المصريون على إسحاق بن يحيى والي مصر، قام جعفر بتجهيز جيش حتى يخمد الفتنة، وجعل عليه موسى بن يحيى وهو من كبار قادة الرشيد، ولما اطلع الخليفة الرشيد على ترتيب الجيش طلب من العباسة أن تدلي برأيها، فقالت:

---

1. ينظر: مندور، محمد، محاضرات عن مسرحيات عزيز أباظة، ص39.

"العباسة:

إذا خـف مــن بغـداد جيـش فإنه

مشارف مصر في المدى المتطاول

وإن استباق الوقت في الحرب عدة

تعين على واف من النصر فاصل

فهـلا بعثـتم مــن فلسـطين فيلقا

عليـه الفتى المرجو يـوم الغوائل

فليـس لموسـى كابن أعيـن خبرة

إذا الأرض ماجـت بالقنا والقنابل

ولا هـو طـب بالمكابـد مثلـه

إذا سبق الرأي اصطدام الجحافل"[1]

وتعبر العباسة عن فلسفتها السياسية في التعامل مع الفتن والاضطرابات التي تحدث في ولايات دولة الخلافة، وتؤكد أن للثائرين مطالبهم التي يمكن التفاوض حولها دون اللجوء للقوة، ومن السياسة أن يتم تغليب العقل والحكمة والاعتدال بدلا من القوة في فض النزاعات، بل وتقدم العباسة خطة حربية تعبر عن عقلية سياسية تتسم بالدهاء، حيث تقترح تدبير مكيدة بين أهل مصر من شأنها أن تؤجج الخصومة بين أهلها، فهم يختلفون على الباطل وغير الباطل، تقول:

---

1. أباظة، عزيز، مسرحية العباسة، ص165.

"العباسة:

عليكـم بتأريـث الخصومـة بينهـم

وإذكـائهـا هـوجـاء بيـن القبـائـل

بنـو مصر مشـغوفون بالخلف بينهم

على باطل إن شئت أو غير باطل"[1].

ولا يتوقف دور العباسة على الإدلاء برأيها بالخطط الحربية، أو الأحداث السياسية وآليات التعامل معها، وإنما مكنها وعيها الفكري وتجربتها الحياتية من تقديم المشورة في كثير من الأمور المرتبطة بدولة الخلافة، فحينما جاءها وزير الرشيد يحيى بن خالد يطلب منها المشورة في أمر الخصوم، تحدثت له عن خطأ منهجي لا يتكئ على مذهب قوي في توريثهم الوزارة لأبنائهم، قالت:

"العباسة:

أبـي إن فـي حكمكـم ثغـرة

وإن لأعـدائكـم مذهـبا

وقالـوا الـوزارة فـي بيتكـم

فمـا رمتـمُ غيرهـا مطلبا

يـورثهـا والـد لابنـه

أما غُيـرُ بَرمَكَ من أنجبا؟"[2].

<hr>

1. المصدر نفسه، ص166.

2. المصدر نفسه، ص171.

109

وهذه الفكرة التي تحدثت عنها فتحت عليها أبواب العداوة والبغضاء، حينما أكدت أن ما جاء به يحيى بن خالد يتعارض بحد ذاته مع مبدأ تكافؤ الفرص، وهي بذلك إنما تؤكد أن كل ما تهدف إليه هو الحفاظ على عرش أخيها وبقاء حكمه، وكان لهذا الوعي السياسي، وهذا العقل الراجح، والنظرة الثاقبة التي اتصفت بها العباسة، أثره في تضخيم الأحقاد عليها، وكان طبيعيّاً أن تكون (زبيدة) أول الحاقدين، لأنها كانت لا تحب أن يصبح لأي امرأة مكانة متقدمة عند الرشيد، لذلك لم تتردد في توسيع فجوة الخلافات بين العباسة وأخيها من منطلق حقدها عليها.

لقد شكلت القصص والحكايات التاريخية المرتبطة بالعباسة مرجعاً لعدد من الكتابات الأدبية، التي لم يتحرَّ أصحابها حقيقة ما تناولته كتب التاريخ، "فجرجي زيدان في قصته لم يقتصر على عرض فتْك الرشيد بجعفر، بل عرض أيضاً قتله لأخته العباسة، ثم قتله لولدين سمَّاهما الحسن والحسين، وزعم أن العباسة كانت قد أنجبتهما من جعفر خلال سبع سنوات، بل وزعم أنها كانت قد أنجبت طفلاً ثالثاً مات بعد سنتين من ميلاده، وبذلك جعل من قصته مجزرة دامية أقرب إلى الميلودراما منها إلى القصة، كما أننا لا ندري كيف يمكن أن يتفق مع المعقول أو مع الممكن إنجاب العباسة لثلاثة أولاد، وفي فترة سبع سنوات دون أن يعلم الرشيد عن كل ذلك شيئاً، مع ما نعلمه من أن الرشيد كان حريصاً دائماً على أن يرى أخته وجعفراً، وأن يستثيرهما في

كافَّة أمور الملك وقضاياه"[1]، وهذا ما لا يمكن تصديقه حول قصة تلك المرأة التي عرف عنها أنها كانت من ربات الفضل والأدب، وهي من أجمل النساء وأطرفهن وأكملهن فضلاً وعقلاً.

وبالرغم من أن عزيز أباظة قد اقتصد في الأحداث الكبرى، وفي عناصر المأساة إذا قورنت مسرحيته بقصة جُرجي زيدان، إلا أنه قد استطاع، بفضل دراسته لتاريخ هذه المأساة، أن يمنح مسرحيته من الأحداث والمواقف، ما يحقق لها بناءً سليماً متطوراً يتجاوز مسرحيته الأولى (قيس ولبنى)، وكتب بفضل وفرة الأحداث وتتابعها حواراً درامياً؛ حركيّاً وغنائيّاً، يقوم على عدة قصائد غنائية متلاحقة، لكن النزعة الغنائية قد عاقت أحياناً الخط الدرامي للحوار، ولم يصل المؤلف فيها إلى تعميق الخطوط الدرامية التي تحدد أبعاد شخصياته، وتحسن تصويرها على ذلك النحو الفني العميق، الذي نرجوه دائماً عندما نقارن مسرحياتنا بالمسرحيات العالمية الخالدة، ومن المعلوم أن الغوص وراء حقائق النفوس البشرية وتصويرها تصويراً يجلو غامضها، ويفضح أسرارها، هو الهدف الإنساني الباقي الذي يمكن أن نخلص به من مثل هذه المسرحيات، التي لا تُعد مسرحيات هادفة بالمعنى الحديث لهذه اللفظة[2]. ومن الواضح أن عزيز أباظة قد أعاد في مسرحيته إنتاج مقولات تاريخية قيلت

---

1. مندور، محمد، محاضرات عن مسرحيات عزيز أباظة، ص40.
2. ينظر: المصدر نفسه، ص(40-41).

منذ زمن بعيد، حيث استخدم موسيقا الشعر وإيقاعاته وصوره ورهافته للتعبير عن الشخصيات والأحداث المرتبطة بها، وحاول من خلال أسلوبه الشعري تحقيق جمال النغم والمعاني، وتعميق الأثر الجمالي، مرسخاً أن المسرح الشعري يحتاج إلى ثقافة ودراية لتذوقه وتمثله من قِبلِ الجمهور أياً كانت مستوياته الطبقية.

وإذا كان للجمهور مأخذ أساسي على هذه المسرحية وأمثالها، فهو أن المؤلف لم يستطع أن يوجهه نحو العطف أو السخط على هذه الشخصية أو تلك في مسرحيته، ولا أن يشغله بقضية من القضايا أو مشكلة تعتبر محوراً لهذه المسرحية؛ ولذلك نخشى أن لا ينفعل بها الجمهور الذي لا يتبين من المسرحية من يستحق العطف ومن يستحق السخط، وليس هناك ما هو أبلغ من ذلك دليلاً على أن المؤلف لم ينجح في تصوير الشخصيات على النحو الذي يحدِّد أبعادها، وبذلك يستطيع الجمهور أن يتخذ منها موقفاً، إذا كان المؤلف لا يريد أن يتخذ هو نفسه أي موقف منها، رغم أنه قد كان هناك مجال واسع لتصوير صراع عنيف بين طرفي المأساة الحقيقيين، وهما جعفر وزبيدة، وعلى ضوء هذا الصراع كان من الممكن أن تتضح صورة بقية الشخصيات وأبعادها، وبالتالي يتحدد موقفنا منها[1]. وإذا كان المؤلف قد أراد من خلال مسرحيته تصوير شخصية العباسة وما عانته في حياتها، فإن حضور الرشيد في المسرحية جاء متناغماً مع الدور الذي قامت به زبيدة في الأحداث، سواء في صراعها مع

____
1. المصدر نفسه، ص43.

جعفر، أو في موقفها السلبي من العباسة، ومع ذلك فإن أهمية ما طرحه عزيز أباظة يكمن في آليات توظيف معطيات التاريخ ضمن البنية الدرامية التي تسمح بالنمو والتطور الدائمين في الأحداث والشخصيات، التي تعيش صراعاً نامياً حتى تصل إلى مصائرها النهائية.

(4)

شخصية هارون الرشيد في مسرحية
"الملك هو الملك" لسعد الله ونوس

تعد كتابات (سعد الله ونوس) المسرحية من أهم التجارب المسرحية التي استلهمت التاريخ، حيث كتب عدداً من المسرحيات ذات المرجعيات التاريخية، وقد اختار التصرف بالمادة التاريخية على المستوى الإبداعي حيث اتصفت تجربته بالعمق والأصالة، فهو "يستلهم التاريخ والتراث العربي الإسلامي، لا من أجل سرد أحداث التاريخ ونقل أحداث التاريخ فحسب، وإنما الاستفادة منهما من حيث عمق المضمون ومنطقية ترابط الأحداث والشخصيات في سياقها التاريخي من حيث الشكل الذي يحظى عند ونوس باهتمام، كما يهتم بالتعرية السياسية أي التحليل العلمي الذي يتسم بالتماسك الفني والبناء العضوي"[1]، فاقترب كثيراً من الواقع السياسي وعبر من خلال توظيفه للتاريخ عن موقفه من السلطة والممارسات القمعية التي تمارس على الإنسان العربي.

لقد شكلت عملية استلهام التراث بمستوياته كافة من قبل سعد

---

1. الطالب، عمر، نحو مسرح عربي جديد، مجلة الأقلام، العددان 4،3، وزارة الثقافة، بغداد، 1987م، ص47.

115

الله ونوس شكلاً من أشكال التطور في النص المسرحي، وكان طبيعيّاً أن تأخذ الحكاية دورها لتشكل مرتكزاً من المرتكزات التي تأسست عليها البنية الفكرية والجمالية لكثير من نصوص الأدب المسرحي. "لقد فتحت هذه التجربة الباب على مصراعيه لتدخل فيها كل التقنيات المعاصرة وأساليب القول وتلاوين الحكي، فمهدت لقيام مسرح شعبي برؤية حديثة وبإمكانات فكرية تقلب الأحداث على أوجهها، وتجعل من المسرح أداة تغيير حقيقية للكثير من القوالب الفكرية الجامدة، وتدخلنا في عصر تثوير البنية الفنية وتخليصها من رواية حادثة إلى خلق حادثة"[1]، لترسي بذلك عدداً من القيم الجمالية والأخلاقية، وتشكل مدخلاً صحيحاً لنقد الواقع السياسي وتعرية ممارسات السلطة وفسادها، وفضح عيوب المجتمع وتأكيد القيم والمثل العليا.

وجاء توظيف الحكاية في مسرح ونوس لتقديم موقفه النقدي للسلطة من خلال أسلوب أكثر إمتاعاً وأصدق إقناعاً، يعتمد السياق التعليمي الذي يسعى إلى توضيح الفكرة أو توجيه الشخصيات توجيهاً عمليّاً، يؤثر في سلوكها الفردي والاجتماعي.

وإذا ما نظرنا في بلاغة الحكاية بشكل عام، فإننا نجد أنها تحقق عدداً من الوظائف هي:

ـ الوظيفة السياسية: إذ يمكن من خلال الأمثولة نقد الواقع

---

1. النصير، ياسين، أسئلة الحداثة في المسرح، الهيئة العربية للمسرح، الشارقة، ط1، 2011م، ص83.

السياسي وتعرية ممارسات السلطة وفسادها، وإشاعة الدعوة إلى التمرد والثورة عليها، فهي تقوم السلوك السياسي للراعي والرعية على حد سواء، "ولهذا لا غرو أن يصنفها القدماء ضمن علم تدبير الملك، وذلك كله دون أن يتعرض المؤلف لبطش السلطة وخاصة في العصور القديمة حيث السلطان ظل الله في الأرض (نظرية التفويض الإلهي)، ومن ثم فالنقد السياسي المباشر ـآنذاكـ أمر محظور تماماً، فالقصة/ القناع هنا ـعلى لسان الحيوانـ تتيح الفرصة للكاتب أن يخرق هذا المحظور، فلا يؤخذ معه أو يؤاخذ عليه، ذلك أن ظاهرها لهو على حد تعبير ابن المقفع، أما باطنها فحكمة وأنى للسلطة السياسية أو العسكرية أن تشير إليها أو تعترف بها"[1].

ـ الوظيفة التربوية: وتتعدد أبعادها وغاياتها التي ترمي إليها، وهي "تستهدف النقد الاجتماعي والأخلاقي، فهي تتجاوز تقويم العادات أو تدعيم التقاليد أو تأكيد القيم والمثل العليا، أو تشريح أنماط السلوك أو تسديد اعوجاج خلقي أو اجتماعي، أو تعليم درس علمي، أو كشفاً للطباع.. إلخ، حفاظاً على رصيد الخبرة العملية ونقل التجربة الإنسانية للأجيال، على المستويين؛ الفردي والجمعي معاً"[2]، وسياقها هنا لا يخرج عن السياق الإصلاحي

1. النجار، محمد رجب، 1995م، حكايات الحيوان في التراث العربي، المجلس الوطني للثقافة والفنون والآداب ـ الكويت، مجلة عالم المعرفة، العددان؛ الأول والثاني، يوليو/سبتمبر، 1995م، ص208.
2. المصدر نفسه، ص(209-210).

لكثير من عيوب المجتمع التي تبلور جزءاً كبيراً من مشكلاته، فهي ترسخ الحالة النقدية لتوجيه أبناء الجنس البشري نحو القيام بالتغيير لتلك السلبيات والأمراض الاجتماعية.

ـ الوظيفة الجمالية: إذ إن الحكاية يمكن لها أن تحقق المتعة والجمال بالنسبة للمتلقي عبر سياقات الفكاهة والسخرية والمبالغة التي تعتمدها، ثم "إن القص على لسان الحيوان أكثر إمتاعاً وأصدق إقناعاً، بعيداً عن الوصاية البشرية والوصايا الخطابية المباشرة، ذلك أن الحكمة على لسان الحيوان أدعى للقبول والإقناع منها على لسان الإنسان الذي تنطوي حكمته الإرشادية ونصائحه الوعظية على نوع من الاستعلاء الضمني بين الناصح والمنصوح، وهو أمر ـفي حقيقتهـ مرفوض من المتلقي لا شعوريّاً، وإن لم يفصح عن ذلك"[1].

لقد شكلت الحكاية المحفوظة لنا، إما بفضل التدوين في كتب التراث، أو من خلال التواتر الشفاهي عبر الأجيال، جزءاً مهمّاً ومصدراً ثريّاً، استقى منه ونوس العديد من موضوعات مسرحياته، فالحكاية تمتلك القدرة الأسلوبية على أن تروى بألسن مختلفة، ويمكن أن تتجاوز بثقافتها ما يمكن أن تحققه الثقافة التعليمية، وتستطيع كذلك أن تكون حاضرة في كل موقف، حزيناً كان أم مفرحاً، لأنها تتجاوز الأغراض إلى الفنية الكامنة فيها، ولا توظف الحكاية إلا للرواية، روايتها هي، ورواية

____

1. المصدر نفسه، ص(210-211).

قائلها، الذي يؤديها ليخرج عنها، ورواية الجمهور الذي يرى زمنها القديم وقد تجسد على خشبة مسرح الحاضر، مشاركاً بصياغتها المعاصرة كي يخرج منها هو الآخر تاركاً مسافة لأن تغادر إلى غيرنا[1]، ونتيجة لمرونة الحكاية وقدرتها على استيعاب الإضافة والحذف والتغيير، فقد عمد ونوس إلى توظيف ثقافته وبراعته الفنية فى إنشاء صيغ جديدة للحكايات الشعبية والتاريخية في مسرحياته، لا سيما في مسرحيات: الفيل يا ملك الزمان، مغامرة رأس المملوك جابر، الملك هو الملك، منمنمات تاريخية، وغيرها.

ويختار ونوس في توظيفه للحكاية التاريخية أو الشعبية؛ حكاية يعرفها المتلقي مقدماً وهي تشكل جزءاً من وعيه الثقافي، ولكنها مع الألفة بهتت دلالتها فأراد ونوس إعادة الحياة لها من جديد، لمناقشة كثير مما يعانيه الإنسان من قضايا ومشكلات عبر تقنية التوظيف الواعي لتلك الحكاية المعروفة مسبقاً، وذلك لخلق دراما جدلية تعليمية تقوم على كسر الإيهام لدى المتلقي، ودفعه نحو المشاركة العقلية لإنتاج دلالات جديدة، وحول ذلك يقول ونوس: "لم تخطر ببالي إطلاقاً مسألة تأصيل المسرح عبر اختيار حكاية شعبية.. إن استلهام إحدى حكايات التراث، وهذا واضح فى الفيل يا ملك الزمان؛ يمكن أن يحقق فرصة لكي يتأمل الجمهور أمثولة يعرفها بصورة أكثر عمقاً وصفاءً، أي أنه لا

---

1. النصير، ياسين، أسئلة الحداثة في المسرح، ص84.

يؤخذ بسيرورة الحكاية لأنه يعرفها مسبقاً، وإنما يكون العرض بالنسبة له فرصة لتأمل هذه الحكاية، وتدبر العبرة المستخلصة منها"[1].

ولم يكن مسرح سعد الله ونوس ببعيد عن توظيف الحكايات المرتبطة بالشخصيات والأحداث التاريخية، لكن ونوس لم يقدم "مسرحاً تاريخيّاً بالمعنى المألوف للمسرح التاريخي، أو للرواية التاريخية، وعلى الرغم من أن المادة التي جرى توظيفها هي مادة تاريخية بحتة، إلا أنه استطاع ـ عبر فهمه لحقيقة العلاقة بين المادة التاريخية والنص المسرحي ـ أن يطوع المادة التاريخية بما يخدم الشخصية القناع التي تحمل الهدف من المسرحية، وبالتالي؛ طرح قضية تاريخية ثابتة في ثوب جديد من أجل خلق واقع فني بديل للواقع التاريخي، يبتعد عنه من حيث الزمان والمكان، ولكنه غير بعيد عنه من حيث المدلول، ويعالج الواقع من خلال جعل التاريخ مادة للنقاش"[2].

وفي ضوء ذلك لجأ سعد الله ونوس إلى توظيف التراث التاريخي في مسرحه بعمق وشمولية نفذت إلى أعماق التاريخ، وجعلت من محطاته وتحولاته مادة للمراجعة، حيث يتم التعامل مع التاريخ ضمن منهجية تقوم على التفكير والشك الذي لا يركن إلى الثابت، "فالوعي التاريخي ليس يقيناً ثابتاً، وإنما

____

1 ونوس، سعد الله، بيانات لمسرح عربي جديد، ص10.

2. أبو ندى، حسن علي، القناع في مسرح سعد الله ونوس، جامعة الأزهر، غزة، 2015م، ص31.

ممارسة واعية ونقد وإعادة نظر ومراجعة مستمرة"[1]، وبذلك فإن ونوس قد تعامل مع التاريخ معتمداً التأمل وإعمال الفكر في توظيف التاريخ، بما يحقق الإفادة من حوادثه المرتبطة بتجارب الماضي، من هنا يرفض ونوس "تناسي أحداث التاريخ الدامية، والقفز فوقها والاكتفاء بتسطيح الأمور، التي هام بها جيل من المثقفين"[2]، لأن ذلك من شأنه أن يسقط إمكانية الإفادة من تلك الأحداث في علاج مشكلات الواقع المعاصر، فلا يمكن هنا بناء رؤيتنا خارج سياق التاريخ بكل معطياته السلبية والإيجابية.

لقد وقف ونوس مندداً بالظلم والتعسف الذي يتعرض له أبناء الجنس البشري، ووظف مواقفه ومسرحياته السياسي، كي يوجه النقد من خلالها للسلطة القمعية التي طالما حلم بتغييرها، وظل ونوس "يعمل بالفكر والأدب والثقافة السياسية، وينتمي إلى الجيل الراديكالي الذي لا يساوم، وهو مثقف ثائر ومبدع لا يؤمن بالمسلمات ولا يستقر على ما وصل إليه، ولكنه يثور حتى على ما ينتجه. إنه صاحب مشروع ثقافي لم يكتمل إلا لحظة رحيله؛ فبرحيله تتفتح صورته كاملة، وهو الذي كان يسعى إلى التغيير الثوري بكل قوته التي كان يمتلكها. وكانت مبررات ظهور مشروع ونوس الثقافي لديه، نتيجة لتدهور الوضع السياسي

١. الرويني، عبلة، السؤال الديموقراطي في مشروع سعد الله ونوس، الهيئة المصرية العامة للكتاب ـ القاهرة، مجلة فصول، العدد الأول، صيف 2007 ص402.
٢. ونوس، سعد الله، هوامش ثقافية، دار الآداب، بيروت، 1992م، ص664.

والعربي وتطور أجهزة القمع، حيث وجد المثقف العربي نفسه ضائعاً مرتبكاً أمام التحولات الجديدة، مما أدى إلى فقد مشروعه القومي. وكان ونوس يرى أن الأمل والحل الوحيد هو أن يجد المثقف العربي من جديد مشروعاً تاريخاً يستند إلى أرضية واقعية، يتمثل في إحياء الروح الديمقراطية في الحوار والإسهام في وضع أسس عقلانية وتنويرية وتحمل النقد الذاتي"[1]، فلا يمكن للمثقف أن ينفصل عن واقعه وعن حركة المجتمع، وألا يكون له موقفه من أدوات القمع، فللنشاط الثقافي دوره في تغيير الحياة، وقد "كان ونوس في فترة السبعينيات مؤمناً بقدرة الأدب في تغيير الحياة، وكان يرفض أن يدير النشاط الثقافي ظهره للأحداث التي يمر بها المجتمع؛ إذ يؤدي ذلك إلى تضليل مركب، فيعني هذا إلهاء القارئ عن المشاكل الحقيقية التي تعصف به، حيث تتحول الثقافة هنا إلى مخدر يغيب وعي الناس عما يحدث في الواقع الموضوعي، وكان ونوس يرفض التعامل مع الثقافة بمعزل عن أحداث الواقع، ذلك أن هذا النوع من الثقافة يفقد تاريخيته، بمعنى أنها تقفز خارج سياق حركة الواقع، وتتحول بذلك إلى نشاط متعال، بشكل تجريدي"[2].

لقد استلهم ونوس الشخصية التاريخية في مسرحياته، بما يتوازى مع الوظيفة التثقيفية للمسرح، محاولاً من خلال ذلك

1. سخسوخ، أحمد، مشروع ونوس الثقافي/ الوطني، الهيئة المصرية العامة للكتاب ـ القاهرة، مجلة فصول، العدد الأول، صيف 1997م، ص337.
2. المصدر نفسه، ص339.

تسليط الضوء على عدد من القضايا السياسية والاجتماعية المعاصرة، وكان من بين الشخصيات التي استلهمها شخصية الخليفة هارون الرشيد، ففي مسرحية (سهرة مع أبي خليل القباني) عام 1968م، استحضر ونوس تراث القباني وتفاصيل تجربته الرائدة في المسرح، ودوره في إنشاء وتثبيت دعائم حركة مسرحية للمرة الأولى في دمشق، ويحيل عنوان المسرحية إلى أنها تثكل سمراً احتفاليّاً ليليّاً، ومنذ بداية المسرحية يبدي المؤلف بعض ملاحظاته الضرورية حول النص، حيث يرى أنه يشتمل على مستويين متميزين لا بد من التفريق بينهما بخط عريض:

الأول: وهو مسرحية أحمد أبو خليل القباني (هارون الرشيد مع غانم بن أيوب وقوت القلوب)، وفيها يجب أن نستعيد جوهر العرض المسرحي كما كان يقدم في تلك الأيام، لأن القيمة الأساسية لتلك التجربة تكمن في رياديتها وفي طبيعة العرض كحدث اجتماعي فعال، يمثل ظاهرة اجتماعية تخلق مناخاً جديداً في سهرات الناس، وتولد لديهم الإحساس بجماعيتهم ضمن تغريب فطري.

الثاني: وهو المجريات الوثائقية التي تؤرخ لحياة (القباني) المسرحية حيث تم هنا استخدام المشاهد القصيرة التي يشكل تتابعها مجرى الزمن ذاته[1].

1 ينظر: عبد الرحمن، بدر الدين، التراجيديا معرفيا وجماليا نماذج وتطبيقات في الأدب المسرحي السوري، دائرة الثقافة والإعلام، الشارقة، 2002م، ص(147-148).

وإذا كان ونوس قد قدم شخصية هارون الرشيد في هذه المسرحية ضمن سياق النص كشخصية عرضية، فإن شخصية القباني جاءت بوصفها رمزاً متنوراً، يقاوم رجال الإقطاع الذين يرفضون استنبات المسرح في البيئة العربية، حيث يحاول إنشاء جوق للتمثيل في سوريا، لكن ذلك فرض عليه مواجهة شديدة انتهت بتحطيم مسرحه وإحراقه من قبل رجال الدين والقوى المحافظة، فجاءت مسرحيته ذات طابع تسييسي، حيث جمعت بين الجانب التسجيلي الوثائقي التاريخي لفن المسرح في العالم العربي، والجانب الأدبي الذي يكمن في عقدة غرامية سيحبكها كل من غانم بن أيوب وقوت القلوب، وقد اعتمد فيها الكاتب على وثائق تاريخية واجتماعية تؤرخ لتجربة القباني في دفاعه عن مشروعه المسرحي الريادي في سوريا، وحملت المسرحية عدداً من الدلالات والقيم الفكرية والجمالية والعاطفية.

لقد بقي ونوس قريباً من هموم الإنسان العربي وقضاياه، وقد شكلت عودته للتاريخ محاولة للإفلات من الرقابة، والانفتاح على الآخر بوعي ونضج، ومحاولة الإفادة من كل منجزاته الإيجابية، لتحقيق التقدم وبناء مجتمع إنساني يقوم على الأخلاق والقيم السامية، من هنا جاءت قراءة التاريخ عند ونوس قراءة نقدية هادفة أسهمت في توظيف معطياته بطريقة فنية إيحائية ورمزية، هدفها خدمة الحاضر والمستقبل، إذ إن العودة إلى التاريخ ينبغي أن تكون طريقاً لتنميته والامتداد به نحو المستقبل بقيم متطورة بعيدة عن السطحية والابتذال.

وتعــد مســرحية (الملـك هـو الملـك) 1978م، مــن أفضل المســرحيات التـي كتبها ونــوس، وقد أثارت الكثيـر من الآراء والاجتهادات، وذلك لما حفلت به من بناء فني متقدم، شكل حالة متطـورة في تطويع تـراث ألف ليلة وليلة، وانتشـاله من جمود الماضـي إلى حيوية الحاضر، مقدماً بذلك رؤية معاصرة للواقع السياسي تقوم على تعريته ونقده.

وتقوم المسرحية على حكاية تراثية من حكايات ألف ليلة وليلة اسمها (النائم واليقظان)، وتتلخص الحكاية بقيام الخليفة العباسي (هارون الرشيد) بالتنكر هو وسيافه (مسرور)، بثياب تاجرين للقيام بجولة في أحياء بغداد، وأثناء جولتهما يلتقيان برجل يدعى (أبا الحسن) الذي لا يتردد بالتصريح عن أمنياته في أن يكون خليفة لبغداد ولو ليوم واحد، وذلك حتى يقوّم الاعوجاج في الحكم ويحقق العدل، وتستثار روح الدعابة لدى الخليفة هارون الرشيد، الذي يتفق مع مسرور على تحقيق أمنية أبي الحسن، حيث يتم تخديره ونقله إلى القصر ليستيقظ صباحاً ويجد نفسه خليفة على بغداد، وبناءً على توجيهات الرشيد يتم التعامل من قبل الذين يحيطون به وكأنه خليفتهم الحقيقي، وبانتهاء النهار تنتهي خلافة أبي الحسن دون أن يتمكن من إظهار حكمته وحزمه في إدارة شؤون الدولة، وذلك نتيجة لحيرته وعجزه وجهله بأمور الحكم، ومع قدوم الليل يخدر ثانية ويعاد إلى المكان الذي أحضر منه ليجد نفسه في واقع جديد، وهذه الأحداث قد فرضت عليه التنقل ما بين الحلم والواقع نتيجة لاختلاط الأمر عليه.

لكن ونوس قد نزع عن الحكاية الشعبية روح الدعابة، وأجرى عليها بعض التغييرات التي انسحبت على الأحداث العامة، فقد أجرى تعديلات على زمان ومكان وشخصيات المسرحية، فأبدل (الرشيد) بملك ما، لمملكة ما، مجهولة الزمان والمكان، وذلك حتى يمنح الملك الصفات التي تخدم هدفه الدرامي بعيداً عن التمثل الذهني لشخصية الرشيد في أذهان المتفرجين، كذلك استبدل شخصية السياف مسرور كمرافق للرشيد، بشخصية الوزير(بربير) كمرافق للملك، مبقياً على وظيفة السياف لشخصية الجلاد، كذلك قام بتغيير اسم (أبي الحسن) إلى (أبي عزة) وخلق بيئة اجتماعية واقتصادية خاصة به، ممثلة بزوجته وابنته وخادمه (عرقوب)، وتم استحداث شخصيات أخرى مثل: (شاهبندر التجار) و(الشيخ طه) لاستكمال البيئة الخاصة بالملك ووزيره، وشخصيتي (زاهد) و(عبيد) للحديث بلسان المؤلف ورواية جانب من الأحداث[1].

ومنذ بداية المسرحية تدخل الشخصيات إلى المسرح بطريقة بهلوانية كما لو كانت لاعبي سيرك، والهدف من ذلك هو تحقيق التغريب في الأحداث، ومنع اندماج المتفرجين بما يعرضه الممثلون من خلال إقناعهم بأن ما يعرض أمامهم لا يخرج عن كونه لعبة مسرحية، لا تقوم على فكرة الإيهام بواقعية الحدث، وهذه اللعبة يقودها كل من عبيد وزاهد، معبرين بذلك عن الثورة وفكرها.

---

1 ينظر: إسماعيل، إسماعيل فهد، الكلمة ــ الفعل في مسرح سعد الله ونّوس، ط1، دار الآداب، بيروت، ط1، 1981م، ص(168-170).

ولترسيخ اللعبة المسرحية تظهر معظم الشخصيات ضمن هذه الأجواء، فهاهما شخصيتا (شاهبندر التجار) و(الشيخ طه) تلهوان بتحريك الدمى التي تمثل أنماطاً متعددة من الناس، بوصف الشاهبندر يتحكم بمقدراتهم الاقتصادية، بينما يمثل الشيخ السلطة الدينية في المجتمع، أما الملك فقد أظهره المؤلف بصورة الملك بهدف التسلية بعيداً عن صورة الخليفة العادل، فهو يتنكر بحثاً عن متعة خشنة، متجاهلاً مصير رعاياه، حتى لو أدت لعبته التي يلعبها إلى جنون أحدهم، وتصل هذه المتعة إلى مستوى السخرية والعبث بمصير البلاد والناس، وحين يخبره الوزير بأن اللعبة التي يلعبها خطيرة، لا يتردد في التأكيد بأن ذلك هو ما يزيدها إمتاعاً.

إن اللعبة المسرحية هنا تقوم على التنكر، ويشير ونوس في إيضاحاته حول المسرحية إلى أن موضوع التنكر "لا يستخدم كمفارقة، مرماها تبرير الوضع الطبقي القائم، وتأكيد مشروعيته، وإنما كانحراف تاريخي شرس ودام، فالمجتمعات الطبقية ما هي إلا سلسلة معقدة من عمليات التنكر، تصل في ذروتها إلى التجريد المحض، هذا التجريد هو الملك(...)، إن الشخص في الذروة ينحل نهائياً في مجموعة رموز وعلائم: الثوب، الصولجان، العرش، التقاليد، الحاشية.. إلخ. وإن مأساة الحاكم تبدأ حين يتوهم أن لديه إمكانيات خاصة وبمعزل عن رموزه"[1]، لذلك بدأت مأساة الملك حينما ظن أن العرش له مقاس

1. ونوس، سعد الله، الأعمال الكاملة مسرحية الملك هو الملك، دار الأهالي، دمشق، ط1، مجلد1، 1996م، ص478.

واحد هو مقاسه كرجل، فتعامل من خلال اللعبة المسرحية، التي أراد أن يلعبها هو ووزيره مع علاماته الملكية، كالثوب والتاج، باستخفاف كبير، متناسياً في الوقت نفسه أنه يستمد قوته من القوى التي يمثلها، ومن أدوات السلطة التي يعتمد عليها.

وتبلور فكرة اللعبة المسرحية الحضور البريختي بشكل قوي في مسرحية (الملك هو الملك)، ومما يعمقها تأدية الممثلين لحركاتهم البهلوانية وأوضاعهم التشكيلية وتوجههم بالخطاب المباشر إلى الجمهور، وقيامهم بالتعريف بأدوارهم التمثيلية وبالخط العام للحكاية المسرحية، وما دامت المسرحية تقوم على فكرة اللعب فإن كل شيء يمكن أن يكون مباحاً، إلا إذا جاوز الحدود إلى الفعل المؤثر، وفي ضوء ذلك جاء الخط العام للحكاية كي يمثل قصة الصراع بين ما هو مسموح وبين ما هو ممنوع، الذي يخبرنا عنه ممثل آخر بأنه يندرج تحته الملوك والأمراء والسادة:

"عرقوب: أن نتخيل؟

السياف: مسموح

عرقوب: أن نتوهم؟

السيّاف: مسموح

عرقوب: أن نحلم؟

السيّاف: مسموح... ولكن حذار!

عرقوب: أن يتحول الخيال إلى واقع؟

السيّاف: ممنوع

عرقوب: أو يتحول الوهم إلى شغب؟

السيّاف: ممنوع

عرقوب: أو تتحد الأحلام، وتتحول إلى أفعال؟

السيّاف: ممنوع"[1].

لقد أراد ونوس، من خلال استخدامه اللافتات، تقديم صياغة فكرية مكثفة لكل مشهد في المسرحية، وهو منذ اللافتة الأولى يذهب إلى أن مسرحيته لا تخرج عن كونها لعبة تشخيصية يتم من خلالها تشخيص بنية السلطة ضمن أنظمة التنكر والملكية، وينزع ونوس من خلال ذلك عن أحداث مسرحيته الأوهام الأرسطية لا سيما حينما يجيز لعبيد الظهور منذ البداية وهو يقرأ الملاحظات المسرحية.

ومنذ البداية لا يتردد الملك في إعلان رغبته بأن يتسلى بهموم الناس، لكن وزيره يحاول إقناعه بعدم التنكر والذهاب إلى العامة، التي تنقّ مثل الضفادع، ويصر الملك على موقفه، فهموم العامة تسعده وتسر قلبه:

"الملِك: عندما أصغي إلى هموم الناس الصغيرة، وأراقب

____
1. المصدر نفسه، ص482.

دورانهم حول الدرهم واللقمـة، تغمرني متعة ماكرة. في حياتهم الزنخة طرافة لا يستطيع أي مهرج في القصر أن يبتكر مثلها"[1].

ويتنكر الملك ووزيره ويخرجان بعد أن يقترح عليه الوزير بأن يذهبا إلى بيت أبـي عزة الذي يعرف قصته مع شهبندر التجار والشيخ طه، كي يتمان لعبتهما المسرحية بهدف التسلية، ولاختيار شكل اللعبة عند ونوس وظيفتان إضافيتان:

"الأولى: هي أن الأحداث والشخصيات تقدم من وجهة نظر زاهد وعبيد بما يمثلانه، لا من وجهة نظر محايدة، ولو شكلياً، وبالتالي فإن لكل واحدة من شخصيات المسرحية بعدين: الأول، هو أنها مع زاهد وعبيد في جماعة واحدة، والثاني: هو أنّها تؤدي دوراً في أمثولة، وهي لا تتقمص الدور، بل تشخصه.

أما الوظيفة الإضافية الثانية، فهي الحيلولة دون استغراق المتفرجين والممثلين أيضاً في الأوهام الطوباوية أو الأماني المجانية[2]، وذلك حتى لا يندمج المتفرج في هذه اللعبة، ويتحول إلى نظام المشاركة العقلية والعاطفية، الذي يمكنه من اتخاذ موقف بل والتدخل في سير الأحداث.

ويشكل (أبو عزة) ركناً مهماً من أركان اللعبة المسرحية،

1. المصدر نفسه، ص494.

2. ونوس، سعد الله، الأعمال الكاملة، إيضاحات حول مسرحية الملك هو الملك، الأهالي للطباعة والنشر والتوزيع، دمشق، م3، 1996م، ص113.

وقد كان تاجراً ملتاثاً ركبته الديون بعد أن تآمر عليه شاهبندر التجار والقاضي والنظام نفسه، وكان حلمه الذي يراوده أن يصبح ملكاً للبلاد، ويشدد القبضة ولو يومين على العباد، وينقش الختم على بياض وينقضي أمره بلا اعتراض ويشنق الشيخ طه بعمامته لكونه كان يجعل جل خطبة الجمعة في مديح الملك، وينتقم من شاهبندر التجار وخصومه الذين كانوا سبباً بما هو فيه مـن إفـلاس، بمصادرة أموالهم والقضاء عليهم:

"أبو عزة: (وهو يحلم بالملك، وكأن أمامه شهبندر التجار والشيخ طه) ماذا أرى... أتـأتي إلي راكعاً وتبكي هلعاً! أكاد لا أصدق عيني! الشهبندر الكبير يذرف الدموع توسلاً وهلعاً! أما حلفت بالطلاق أمام أرباب السوق، أنك ستدمر تجارتي، وتلقيني عرياناً خارج السوق! ماذا؟! تقدم المعذرة وتعلن أمام أرباب السوق أنك نادم على هذه الدناءة، هـل ظننت أنـك انتهيت مني يوم أشهرت إفلاسي، وتخاطف الدائنون حتى لباسي.. ها نحن نلتقي ولكن فـي ظروف اعتدل فيها الميزان (وكأنه يحاكي الشيخ طه) لا يا شـيخ طـه لا.. تحـاول أن تتـستر متخفياً وراء مسبحتك، المسبحة أم التسعمائة والتسع والتسعين حبة. أراك هناك خلف خلان السوء الذين باعوني حين حلت

محنتي، ورموني فوق هذا بالجنون. هَأنتم جميعاً
أمـامي ومصيركم معلق بطرف لساني"[1].

ولا تتوقف الأمنيات عند أبي عزة، وإنما تمتد لأم عزة التي
تضيق ذرعاً هي الأخرى بظلم العباد، وتعلن بأنها تحلم بلقاء
الملك لتشكو له أمرها، وحينما يقوم الملك ووزيره بجولتهما،
فإنهما يدخلان إلى بيت أبي عزة دون أن يعرفهما أحد، ويلتقيان
بأم عزة التي تتحدث لهما عن حلمها بلقاء الملك دون أن تتعرف
عليهما:

"مصطفى: ماذا ستقولين له؟

أم عزة: ماذا سأقول له! على لساني أحمال من الكلام.
سأقول.. سأقول يا ملك الزمـان؛ العيارون
واللصوص يحكمون البلاد، وينهبون أرزاق
العباد، العدل نائم، وليس هنـاك مـن يفتش أو
يحاسب. الغش رائج، والتعدي سائد، لا سلامة،
ولا كرامة، ولا شريعة..[2]".

ويعطي الملك لأم عزة ورقة مثول أمام الملك، كي تنقل له
ما تريد، ويصر هو ووزيره على اصطحاب أبي عزة ومعه
خادمه لكي يتآنسوا معاً، وفي أحد جوانب القصر يعطونه منوماً
فينام حتى الصباح، وعندما يستيقظ يجد نفسه في مخدع الملك،

____

1. المصدر نفسه، ص586.
2. المصدر نفسه، ص591.

والخـدم يتـأهبون لتلبيسه رداء الملك، فيدخل أبو عزة في إهاب الشخصية مع اكتمال التاج والصولجان، أما خادمه عرقوب، لكونه يعرف اللعبة، فلم يستطع أن يتقمص الوزارة بشكل جيد، ويجلس أبو عزة على عرش الملك، فيذكّره عرقوب بغريميه شاهبندر التجار والشيخ طه، لكن أبا عزة يستنكر بأنهما خصماه، بل يذكر محاسنهما

"الملك: أي خصوم! وأي انتقام!

عرقوب: طه... الشيخ الخائن المخادع

الملك: خائن.. مخادع... لماذا؟

عرقوب: لأن ذمته واسعة، ويأكل أموال اليتامى

الملك: ألم يخطب للملك في صلاة الجمعة؟

عرقوب: (يرتبك) حتماً.

الملك: هل حرض الناس على العصيان والفتنة؟!

عرقوب: طيب.. شهبندر التجار!

الملك: صديقنا الشهبندر؟

عرقوب: صديق! يسميه مولاي صديقاً، وهو الذي خرب تجارتنا!

الملك: ماذا دهاك هذا الصباح! تبتدع لي العداوات مع أركان دولتــي وملكــي. أتريــد أن تقــوض عرشي؟(1).

____

1 المصدر نفسه، ص602.

وحينما يدخل أبو عزة اللعبة بأمر من الملك الحقيقي، ويصبح ملكاً على العباد، يتمكن من إدارة الحكم بشكل بارع، وبإدارة تذهل الملك الحقيقي، ويدب الرعب في قلب الوزير، ويتجه أبو عزة لممارسة سلطاته بقسوة لا تقل عن قسوة الملك الحقيقي دون اهتمامه بالبحث عن تفسير للحالة التي أصبح فيها، وما إن تستتب الأمور لأبي عزة حتى يقبض على كل من يحيط به بقبضة من حديد، فيصبح الكل يدينون إليه بالولاء والطاعة، بينما يقوم صبي أبي عزة وخادمه عرقوب بدور الوزير الذي يحقق لسيده إمكانية السيطرة على مقاليد الحكم في المملكة، وذلك باستخدام شتى أنواع القهر والاستعباد ضد أفراد الرعية:

"عرقوب:‏ اعتمد علي. والآن بمن نبدأ التعذيب والانتقام؟ بالشيخ الخؤون أم بشهبندر التجار الملعون!

أبو عزة:‏ كل الخصوم سنصليهم عذاب الجحيم، ولكن قد تكون المسيرة مضاعفة، لو أخذنا أولاً قسطاً من النشوة"[1].

إن جلوس أبي عزة على عرشه الوهمي يظهر صورة من صور إمعان الملك في إرهابه لشعبه، حتى أنه يقرر التخلص منهم بنفسه بدلاً من تكليف السياف بذلك، وكأنما يريد أن يشفي غليله من حقد دفين استحوذ عليه في داخله، وهذا ما يدفع جماعة من عامة الناس للتمرد على الحكم والتخطيط في الخفاء لقلبه

____
1. المصدر نفسه، ص604.

والقضاء على صاحبه، وطبقاً لفكرة التنكر التي يتم اعتمادها كنهج في المسرحية، يتنكر المتمردون في أزياء حمالين ومتسولين لكن اللعبة تنتهي، ويراجع كل واحد من الشخصيات في دوره ووهمه، فالحلم هنا يلازم الواقع نتيجة للعبة التنكرية، ولعل الملك يصبح أكثر الشخصيات كرهاً لذلك الدور، لأنه غامر بكل شيء من خلال تسليمه للسلطة لأبي عزة، لذلك لم نتفاجأ حينما تطابق كل من الملك الحلم والملك الواقع، لا سيما في أسلوب الإدارة، فهما يتصرفان بالطريقة نفسها، وربما ظهر الحلم أكثر تجسيداً وقساوة من الواقع، وهذا ما حقق عنصر المفاجأة للملك حينما شاهد الممارسات التي قام بها أبو عزة أثناء قيامه بتصريف شؤون الرعية.

لقد أمعن أبو عزة في إرهابه لأفراد الرعية، بل إنه عبر عن رغبته في قتل أعدائه بنفسه بدلاً من أن يوكل هذا الأمر لسيافه، وذلك إيماناً منه بأن العروش لا بد أن تغسل بالدماء بين الحين والآخر، ويتنكر لكل من عرفهم وعاشرهم في حياته، حتى زوجته أم عزة وابنته عزة لا تسلمان من أذاه، فحينما أتت أم عزة مع ابنتها تشكو ظلم التجار الذين تآمروا على زوجها، وظلم زوجها نفسه لها ولابنتها، لم يعرفها الملك الجديد، ولم تهتز مشاعره لمظلمتها وكان حكمه عليها جائراً، يقول:

"**الملك:**   إذا كان داعية الملك باطلاً، وقاضيه باطلاً، وبيعة الناس باطلة، فإن العرش أيضاً باطل،

والذي يجلس على العرش باطل، والناموس الذي يحكم البلاد والعباد باطل.. هل جئت أيتها المرأة لتقولي هذا؟(...). لكل واحد الحق في أن يفتح محلاً للرزق، ولكن لكل واحد أيضاً الحق في أن يحمي محل رزقه، ويديره وفق مصلحته، وكل ما فعله الشهبندر، وهو ما يفعله دائماً، أنه حمى نفسه ورزقه. التجارة حلال والمنافسة أيضاً حلال، حين فتح زوجك محله دون أن يتفق مع الشهبندر، صار خصماً ومنافساً. لم يسرقه أحد أو يغشه، وإنما ورط نفسه في مبارزة، أكبر من مقدرته وإمكانياته وكانت النتيجة أنه خسر وأفلس(...). كان بالأحرى أن توجهي شكواك ضد زوجك، فهو سبب كل بلائك، ولأنه قليل الهمة، عديم الحيلة، وجد أن الأسهل هو أن يلقي التبعة على الآخرين، وينال منهم"[1]، ولم يتوقف الملك الجديد عند ذلك، بل حكم على زوج أم عزة بالتجريس، حيث يدار به في كل أسواق المدينة، وأن يدفع الوزير لها خمسمائة درهم سنوياً من ماله الخاص، مقابل أن تصبح عزة زوجة له أو جارية في قصره، وهذا ما يثير عزة ويجعلها تصرخ لأنها كانت ترفض في السابق

---

1. المصدر نفسه، ص (608-609).

الزواج من عرقوب نتيجةً لشغفها بأحد الثوار الراديكاليين.

لقد بنى ونوس أحداث مسرحيته وشخصياتها ضمن عوالم حلمية لا تنفصل عن أجواء الحكاية الأصلية، وهو باستخدامه للحلم "لا يطرح شكلاً نهائياً ولا يقدم صيغاً جاهزة"[1]، بل يقدم مجموعة من الرؤى التي تتداخل في الذهن الإنساني مكونة حالة جدلية بين الخير والشر، أو بين الوهم والحقيقة، فالملك كان يحلم بلعبة مسلية وخطيرة، تذهب عنه الملل والضجر، بينما كان يحلم أبو عزة بتسلم السلطة وتسيير أمور العباد، بل والانتقام ممن ظلمه، أما زوجته أم عزة فباتت تحلم هي الأخرى بأن تعود الأحوال كما كانت، لكي تزوج ابنتها عزة زواجاً مناسباً، في الوقت الذي تحلم فيه الابنة عزة بقدوم فارسها الذي ستتزوجه من البلاد البعيدة، أما عرقوب خادم أبو عزة فهو يحلم أيضاً بيوم قريب تزف إليه عزة عروساً، أما حلم أركان السلطة فهم يحلمون بتخفيف الضجر الذي ينتاب الملك، ويؤكدون أن هذا العرش لم يخلق إلا ليجلس عليه هو دون غيره، أما الوزير فتنحصر أحلامه بأن يبقى اليد اليمنى للملك، ويحلم الجلاد بأن لا تخرج البلطة من يده، أما الشيخ طه وشهبندر التجار فيحلمان بأن تظل خيوط اللعب التي تشد رقاب الناس اقتصادياً وروحياً بأيديهما.

---

1. الرويني، عبلة، سعد الله ونوس حكى الطائر، دار ميريت، القاهرة، ط1، 2005م، ص105.

وألغى ونوس في مسرحيته شخصية (البطل.. الفرد) ليحل الشعب محله بطلاً لتلك الحكايات، لأنه مثال المثقف الذي يرى أن الشعب هو صانع تلك الحكايات والمهم فيها، وقد جاءت الأفكار في المسرحية على شكل رموز لا تحمل حقيقتها فيها، بل تستر حقيقة باطنية، حيث يبلغ خلق الرموز في المسرحية مستوى عنيفاً من الاستحواذ، لتسحق الذوات الفردية المغايرة، وتعيش حالة من التعصب اللاهث وراء السلامة والسيطرة التي توفرها رموز السلطة، لذلك وضع ونوس تصوره للحل للصراع الدائر بأن تذبح الرعية ملكها.[1]

وحقق ونوس في هذه المسرحية نجاحاً كبيراً في توظيف أفكاره المرتبطة بالحكاية الشعبية وروحها، توظيفاً جميلاً، وقدم درساً سياسيّاً واضحاً يعبر عن كون تغيير الأفراد لا يغير الأنظمة، وإنما يجب تغيير الأنظمة من جذورها، فالمسرحية تحلل بنية السلطة في الأنظمة القائمة على الملكية، وحول ذلك يقول ونوس: "إننا نقتبس أو نعدّ لأننا نبحث عن رؤيتنا العربية المتجاوبة مع واقعنا أو لأننا نحاول أن يكون فعلنا المسرحي راهناً، أي فعّالاً هنا والآن"[2]، وهكذا فقد قدم ونوس الأحداث المسرحية ضمن ثنائية تجمع بين الأصالة والمعاصرة، بهدف تقديم رؤية سياسية تقدمية تخدم الإنسان العربي المعاصر.

---

1. أبو زاهر، نادية، المثقف العربي في رؤيته للسلطة: سعد الله ونوس في مسرحيته الملك هو الملك، مؤسسة الحوار المتمدن، العدد 2162، بتاريخ 16/1/2008م.
2. ونوس، سعد الله، بيانات لمسرح عربي جديد، ص84.

ولم يغفل ونوس دور الشعب في صنع التغيير، مؤمناً بقدرته على ألا يكون قابلاً للتشكيل حسب رغبة الطغاة والجبابرة، وتبقى عواقب الاستسلام للواقع المريض أخطر بكثير من أعباء النضال من أجل محاولة تغيير هذا الواقع، وبالتالي فلا نغفل بأن السلطة تظل كما هي حتى لو تنكرت، وأن أي تحول لا يطرأ إلا من قبل الناس الذين تعدهم السلطة كمّاً مهملاً، لذلك فإن ونوس يحرض المتلقي في هذه المسرحية على تأمل الواقع والمشاركة الإيجابية فيما يدور حوله من أحداث تمسه وتحدد مصيره، لكي يعمل على تصحيح الأوضاع التي يراها خاطئة، ويكفّ عن ترديد المقولات السلبية.

إن ونوس في هذه المسرحية يناقش البنية العميقة للعلاقة بين الحاكم وشعبه، والأسباب التي تحول دون وصول الشعوب لحريتها، فهو يدرك إدراكاً واعياً بأن قضية الحكم قضية مركبة ومعقدة، وأن الأنظمة التي تقوم على حاكم فردي مطلق، وبيده مفاتيح السلطات، هي في الواقع تستمد قوتها ووجودها وديمومتها من الرموز المحيطة بها، والتي تقف وراء تلك الأنظمة وتستغلها للحفاظ على مصالحها، لذا وظف ونوس شخصية زاهد وشخصية عبيد لقيادة شكل هو الأقرب لأشكال العمل السياسي السري أكثر من كونهما إدارة في اللعبة المسرحية، فهاهو عبيد يبدي رأياً سياسياً ناضجاً حول موضوع الخدم والخدامين، وتصنيفهم بوصفهم فئة اجتماعية، وذلك من خلال حديثه عن الخادم عرقوب:

"عبيد: إنهم يمثلون حالة خاصة ومعقدة، منطقياً ينبغي أن يكونـوا معنا ولكنهم فـي الحقيقة ليسـوا معنا، حياة أسيادهم تفتنهم وتلقيهم في حالة مستمرة من عدم التوازن"[1].

ويحيلنا ونوس إلى أن العوام من الرعية يدركون طبيعة الواقع الذي يعيشونه، وأن لعبة التنكر التي قام بها الملك ووزيره تتوافق في حقيقتها مع مغزى سياسي تسعى السلطة من خلاله إلى الحصول على تعاطف أبناء الرعية، وحتى المكلفون بتنظيم اللعبة الحياتية، اختار لهم ونوس أسماء إيحائية فالزاهد وعبيد وشهبندر التجار والشيخ طه، لا يجهلون عبثية اللعبة التي يقوم بها الملك، ويبقى المحكومون على اختلافهم هم وقود السلطة وعوامل استمرارها:

"زاهد: وحتى لو تغير الملك فإن الطريق الوحيد الممكنة أمام الملك هي الإرهاب.. والمزيد من الإرهاب.

عبيد: ينبغي أن نتواقت مع اللحظة، لا نبكر ولا نتأخر.

زاهد: ألم تقترب هذه اللحظة؟

عبيد: إنها ليست بعيدة على كل حال"[2].

إن مهمـة المسـرح عنـد ونـوس تقـوم على تحقيـق التوعية

---

1. المصدر نفسه، ص565.
2. المصدر نفسه، ص536.

السياسية للمتلقي وتوجيهه نحو اتخاذ موقف مما يعرض أمامه، وهذه التوعية لا تكون مباشرة، وإنما تكون تغريبية الطابع، رغم أنها مستمدة من التراث، فهي تجعل من المألوف شيئاً غير مألوف على المسرح بهدف استفزاز عقلية المتلقي.

ويثير ونوس التأمل الواعي في أحداث المسرحية، ويظهر لنا شخصيتا زاهد وعبيد، بوصفهما أنموذجان ممثلان لأفراد الرعية، وهما يمتلكان الرؤية الشاملة والواعية التي تؤهلهما لعمل شيء ما، يستطيعان من خلاله تغيير الوضع السياسي القائم، وعندما يزيد الملك بطشه يترددان في عملية التطلع نحو المستقبل بحثاً عن الأمل المنتظر، بالتخلص من النظام السياسي الملكي وتحقيق المساواة بين الناس:

"عبيد: ذات يوم.. وصار اليوم تاريخاً وبدءاً، دب النشاز في حياة تلك الجماعة المتضافرة، انشق عنها واحد من أفرادها. كان أقوى.. كان أدهى.. لا يهم، لكنه مزق أملاك الجماعة، واستأثر بالحصة الكبرى، انفصل عن الآخرين وتميز، ارتدى كساء زاهياً، بدل هيئته ووجهه وتنكر، يومها ظهر المالك.. وكانت أولى حالات التنكر، ثم تزين المالك أكثر وأكثر بالأبهة والثروة. تحول المالك ملكاً، وهو أقصى حالات التنكر، ومن الملك تسلسلت عمليات معقدة من التنكر المتتابع، تفككت الحياة البسيطة الشفافة وتمزقت وحدة

الجماعة في صور تنكرية متصارعة، هناك الأمراء والعسكر، الأجراء والعبيد، المتسولون والمعدمون، فئات كثيرة، كل منها يعيش متنكراً في ثوب ودور، بعضها تنكر ليحكم ويسود، وبعضها فرض عليه التنكر ليخدم ويضطهد"[1].

لقد شكلت تقنية التنكر في المسرحية وسيلة من وسائل التغريب التي استعملها ونوس في المسرحية، ولم يتردد في ملاحقة المتلقي ومحاصرته بوسائل الإيهام وكسر الإيهام التي يمكن لها أن تبقى عقله يقظاً، متفتحاً، مراقباً لا مندمجاً، وتوّج هذا العمل بتقديم ونوس للحل. ولم يعرض ونوس حلاً يستدعي تغيير الملك، بل كان حله جازماً أن نلتهم الملك، لقد عدّ ونوس التهام الملك محصلة طبيعية، ما دام المجتمع يعرض كسلسلة من علامات التنكر، تصل في الملك شكلها الأقصى. إن طقس الالتهام هو بالضبط الاحتفال الذي يتيح لنا أن نتقاسم الملك ونتوزع دلالته، أي أن يصبح كل منا الملك في مجتمع بلا طبقات وبلا تنكر [2].

وقدم ونوس أحداث مسرحيته وشخصياتها من خلال استيعابه لمضامين الحكاية الشعبية، وتناول الحدث الأصلي الذي تفرعت

---

1. المصدر نفسه، ص587.
2. ينظر: ونوس، سعد الله، الأعمال الكاملة، إيضاحات، م3، ص117.

منه أحداث فرعية، يتشكل بناؤها من خلال الاستطراد وتراكم النوادر الفرعية التي "تساعد على تركيب الحكايات الأصلية وشرحها وإيضاحها، كما يتميز البناء الفني لألف ليلة وليلة بتقديم الحكاية الأصلية، التي ترتد إليها كل حكاية من الحكايات الفرعية بعد انتهائها، إذ تختتم كل حكاية من الحكايات الفرعية بالعودة إلى الحكاية الأصلية"[1]. وقد جاءت المعالجة الأدبية للحكاية لتتوافق مع واقع الجمهور العربي ونفسيته، وما يعتمل في داخله من قضايا ومشكلات، فقدم ونوس مضامين فكرية تعبر عن معاناة الإنسان العربي، وحاوره من خلال ذاكرته التاريخية التي شكلت غاية فكرية ووسيلة إبداعية.

إنّ الشخصيات في مسرحية (الملك هو الملك) تسلك سلوكاً عبثيّاً، ولا تظهر كشخصيات إنسانية مقنعة من لحم ودم، بل نرى ما تتطلبه اللعبة: دمى تحركها الخيوط.. خيوط في أيدي الشيخ وشهبندر التجّار، أو في يدي المؤلف نفسه، فهي شخصيات فنتازية في موقف واقعي، وهي تعيش في أحداث كلّها سخرية وعبث، ويسخر الإعداد الجيد الأحداث القديمة، ويضفي الموضوعية عليها، وإذا تأملنا شخصية أبي عزّة، وهي شخصية محورية، وجدنا أنّه يتحول ولا يتطوّر، حتى مظاهر خبله تزول بسرعة مستحيلة، ليتلبس بإتقان دور الملك، أما زاهد وعبيد، فهما يعبّران عن الثورة وفكرها، وعلى الرغم من

<hr>

1. عطية، أحمد محمد، نحو تأصيل المسرح العربي، مجلة قضايا عربية، العدد الثاني عشر، 1980، ص9.

أنهما وجدا في زمن الحكاية ومكانها، وأنّهما مربوطان بها، إلا أنّهما ظهرا وكأنهما من عالم مختلف في وعيهما السياسي، وقد حرمهما ونوس من الصلة مع حبكة الملك وأبي عزّة، وهذا مقتل المسرحية، إذ إنّ ونّوس في محاولته للتخفيف من النبرة التشاؤمية للمسرحية أمام الكوميديا السوداء، سعى جاهداً لإتمام خطابية سردية قسرية على لسان هاتين الشخصيتين دون أن يكون لوجودهما مبرر درامي[1].

---

1. ينظر: عصمت، رياض، المسرح العربي سقوط الأقنعة الاجتماعية، دمشق، ط1، 1995، ص(84-86).

(5)

صورة هارون الرشيد في مسرحية
"المهرج" لمحمد الماغوط

يعد الشاعر والكاتب المسرحي السوري محمد الماغوط (1934-2006م) واحداً من الأدباء المعاصرين في الوطن العربي، وقد اتسمت كتاباته بالمغزى السياسي الذي يهدف إلى تعرية الواقع العربي، وتكمن "مأساة الماغوط أنه ولد في غرفة مسدلة الستار اسمها الشرق الأوسط.. وذروة هذهِ المأساة هي في إصرارهِ على تغيير هذا الواقع وحيداً لا يملك من أسلحة التغيير إلا الشعر. فبقدر ما تكون الكلمة في الحلم طريقاً إلى الحرية نجدها في الواقع طريقاً إلى السجن"[1].

وقد عُرف الماغوط كشاعر وأديب مجدد من خلال ما قدمه من مسرحيات ودواوين شعرية، وقد قدم نتاجاته الأدبية انطلاقا من قضايا الإنسان العربي السياسية والاجتماعية، حيث أكد اعتماد الأدب كصيغة للتغيير. "لقد كان الماغوط دوماً طامحاً إلى بلوغ الحرّية عن طريق الحداثة، حداثة السياسة والثقافة وحداثة المجتمع، كل هذهِ الحداثات اختصرها الماغوط في شخصهِ وأدبه

---

1. صالح، سنية، مقدمة الآثار الكاملة لمحمد الماغوط، دار العودة، بيروت، 1973م، ص7.

145

وبقيت مطامحهُ وأحلامه خارج زمانه ومكانه. فكان بقلمهِ وبدم هو الحبر حاول فك الحصارات عن أنفاسه فكانت مأساة السياسة هي التغيير المستحيل في هذا العالم العربي، المسجون في خوفهِ، حيث لا يصح إلا التقليد ومحاربة التجديد"[1].

في مسرحية المهرج يتناول الماغوط الواقع السياسي العربي بأسلوب تهكمي من خلال نص مسرحي، ارتكز فيه المؤلف على التراث، حيث ظهرت من خلال النص تأثيرات التعبيرية والمسرح السياسي، وتأثيرات (بيراندللو) من خلال تقنية (المسرح داخل المسرح)، حيث اختار المؤلف فرقة مسرحية لمجموعة من الهواة يقدمون مشاهدهم المعبرة للناس، والتي لا تنفصل عن الواقع العربي.

وتشكل شخصية (المهرج) ببنائها التعبيري شخصية محورية في النص، فهي شخصية تعاني أزمتين؛ روحية وذهنية، وهي تصور الواقع السياسي من وجهة نظرها بسخرية وتهكم، وقد جاءت أنموذجاً يعبر عن شريحة اجتماعية واسعة من المجتمع العربي، الذي اهتم بالتهريج على حساب قضاياه الوطنية، علاوة على أنها عرضة للتحولات المفاجئة بفعل تغير حركة الزمان والمكان والسياق المنطقي للأحداث التي تبرز من خلالها حالة الإنسان الفلسطيني تحت الاحتلال على حقيقتها، وهذه

---

1. خليل، خليل أحمد، موسوعة أعلام العرب المبدعين في القرن العشرين، المؤسسة العربية للدراسات والنشر، بيروت، 2001م، ص1027.

الشخصية محكومة بالاستلاب وعدم القدرة على اتخاذ قرارها بفعل تأثير السلطة التي تمارس عليها دور الرقيب، لذلك فهي تسعى إلى المشاهد التهريجية القائمة على استعارة شخصياتها من التاريخ، إذ تسقط تلك الشخصيات على الواقع السياسي الحالي، مما يهيئ لها الهروب من عقاب السلطة، مع تأكيد موقفها النقدي بسخرية وتهكم.

وهذه الشخصية تفتقد إلى الأبعاد المتعارف عليها في المسرح الواقعي، فهي شخصية مقطوعة الجذور، وكل ما نعرفه عنها هو انتماؤها لفرقة مسرحية أعضاؤها من أدعياء الفن الذين سدت أبواب الرزق في وجوههم، فهم "في سبيل جمع المال لا يتورعون عن تشويه أرقى النصوص المسرحية، ومسخ أبرز الشخصيات التاريخية وكل ما من شأنه تملق الجمهور وتلبية رغباته الأنيقة المرتجلة. ويدير الفرقة قارع طبل أمي يستخدم في تقديم البرامج ميكروفوناً يتدلى منه شريط كهربائي مقطوع، كتأكيد غير مباشر على عدم ارتباط الفرقة بأية غاية سوى إضحاك الجمهور، أما أسلوبه فهو أشبه بأسلوب المذيع المحترف وهو ينقل مباراة رياضية أو حفلاً خطابياً من خارج الاستديو. منذ أن تسمع ضجة الفرقة تنفتح الأبواب ويتوافد سكان الحي وهم بين النوم واليقظة، فهذا بثياب النوم، وذاك يجفف وجهه بمنشفة، وآخر لم ينهِ ارتشاف الشاي على المائدة، وتظهر البهجة على الوجوه عندما تظهر العربة الملونة بما تكدس عليها من ثياب التمثيل وكراسي الزبائن وكأنها شجرةُ ميلاد متحركة،

وعلى متنها راحت الممثلة الأولى والوحيدة في الفرقة ترقص وتتمايل"[1]، وهذه الفرقة تعرض لنا التاريخ من وجهة نظر أفرادها، حيث يستدعون عدداً من شخصيات مسرحية عطيل لشكسبير، ثم يستدعون أو يمرون بعدد من الشخصيات العربية التاريخية مثل: الحجاج، أبو جعفر المنصور، هارون الرشيد، صقر قريش.

إن شخصية (المهرج) ترتبط بالفكرة التي تطرحها المسرحية ارتباطاً وثيقاً، إذ تتشكل حالتها المستلبة المقموعة من الداخل، امتداداً لحالتي الاستلاب والقمع؛ اللذين يعيشهما الإنسان العربي، ويتضح موقفها الحقيقي من الواقع مع تسلسل الأحداث وتتابعها، وموقف الشخصية هنا يتشكل نقديّاً من خلال الإسقاط السياسي حيث ندرك مأساويتها الذاتية الناجمة عن الوضع العربي الراهن، وتشكل دائرة علاقات شخصية المهرج بالشخصيات الأخرى تأكيداً لواقعها النفسي الذي يشكل امتداداً للواقع السياسي، وهذه العلاقات لم تخرج عن إطارها التهكمي الساخر، المقارب للكوميديا السوداء، وبالنظر إلى واقع الشخصية في النص نجد أنها قد أخذت صورتين متتابعتين ضمن واقعين متغايرين، أثرا تأثيراً واضحاً في حركة الشخصية وفعلها، وحددا دائرة علاقاتها بالشكل الآتي:

1. الماغوط، محمد، الآثار الكاملة مسرحية المهرج، دار العودة، بيروت، 1973م، ص(499-500).

أـ علاقة (المهرج) بشخصيات الواقع الحالي:

شكلت الشخصية هنا فرداً من أفراد الفرقة المسرحية الذين يعدون أنفسهم نخبة من الشباب العربي المتمرد الطليعي الثائر، وما عملية المسخ التي يقوم بها أعضاء الفرقة للشخصيات التاريخية المعروفة بكرمها وبطولتها، إلا أسلوب من أساليب الإسقاط السياسي، وما شخصية (المهرج) هنا إلا شخصية تتخذ من مشاهدها التمثيلية وسيلة للتعبير عن أزمتها من خلال تقمصها الكاريكاتوري للشخصيات التاريخية.

بـ علاقة المهرج بشخصيات الواقع التاريخي:

لقد قدمت المسرحية، من خلال شخصية المهرج، شخصية الخليفة هارون الرشيد ضمن إطار من التهكم، وكأنما أراد الماغوط أن يحيلنا إلى الواقع من خلال ثنائية الأصالة والمعاصرة، لكن المهرج تخلص من حالة الاستلاب التي كان يعيشها ضمن واقعها الحالي، وذلك برجوعه إلى زمن (صقر قريش) المشرق، القائم على الشجاعة والمساواة بين أفراد الرعية في الحقوق والواجبات، ويمكن القول إن شخصية (المهرج) من خلال عودتها القسرية إلى التاريخ، قد أكدت المفارقة الواضحة بين صورة حكام الأمة في الزمن القديم بكل إيجابياتها، وصورتهم في الوقت الراهن بكل سلبياتها.

يستحضر الماغوط شخصية الرشيد حينما تتعالى أصوات الجمهور مطالبة أعضاء الفرقة بتقديم مشهد من حياة الرشيد،

حيث يعلن قارع الطبل بأنه سيتم تقديم شخصية هارون الرشيد، الذي هو خير من يمثِّلُ العدالة والشهامة العربية في أزهى حللها وأجمل مشاعرها، وينسحب عن المسرح ليخليه للمهرج الذي يظهر بقناع يمثل هارون الرشيد، فيتعالى التصفيق والضحك والصفير، ثم يجلس إلى طاولة عامرة بأصناف الطعام فيبدأ بالتهامها بشراهة تدعو للمزيد من الضحك، وهي عادته كلما كان على وشك النظر في قضايا الشعب:

"**الممثل الثاني:** (بلباس خادم عباسيٍ) مولاي.. في الباب أعرابي يطلب المثولَ بين يديك، فهل أقول له لبيك؟

المهرج: (وفمه مملوء بالطعام حتى نهاية هذا المشهد) إليّ به في الحال

الممثل الثاني: أيها البدوي؛ تعال

الممثل الثالث: (متقمصاً شخصية أعرابي فقير يدخل ويرتمي عند قدمي المهرج) مولاي.. ليس لي إلاك يرأف بحالي، ويرد لي ما ضاع من مالي.

المهرج: قصتك باختصار وبالتفصيل

الممثل الثاني: فسعادته لا يحب الثرثرة والتطويل (المهرج يومئ برأسه إيماءاتٍ مضحكة)

الممثل الثالث: مولاي.. كنت لسنوات خلت، فتى عربياً

غض الإهاب، موفور الصحة لا أدخل من شباك أو باب وعندي... وعندي مال وجوارٍ، ونوق تسرح في الوهاد والبراري... أناخ الدهر علي بكلْكَلِه، فحرمني من مشربه ومأكله، حتى صرت من الضعف والهزال، أمرق والله من ثقوب النخل والغربال.

المهرج: وبعد، وبعد، وبعد؟ (الجمهور يضحك)

الممثل الثالث: حطّ بي الزمان عند تاجر كالثعبان.. رجل بلا ذمة، بلع أجرتي، وأهان كرامتي، وشردني ما بين الموصل والبصرة، لا أملك والله إلا عكازاً وصرة.

المهرج: وخلاصة الكلام؟

الممثل الثالث: علي وعلى عائلتي السلام.. فعندي تسعة أطفال وزوجة لسانها متران، وهم ينتظرون إشارة من يدك الكريمة ترد حقنا وكفاف يومنا، وإلا صرنا للكلاب وليمة.

المهرج: (متنفساً الصعداء) أعطوه ألف دينار.

الممثل الثالث: شكراً يا مولاي.

المهرج: واقطعوا رأسه لأنه ثرثار (تصفيق).

الممثل الثالث: (فزعاً) مـولاي (يظهر السـياف ويقبض على المظلوم ويسوقه أمامه وهو يصرخ) الرحمـة.. الرحمـة.. الرحمـة.. (يغيبـان ثـم تنطلـق صرخـة مروعـة يعقبها تصفيق وصفير وتهليل من الجمهـور"[1]. ويصفق المهرج منتشيـاً، ويطلـب فـي الحـال راقصة ذات غنج ودلال، حيث تدخل على الفور الممثلة بثياب جارية تحيلنا إلى القصص والحكايات الخياليـة التي تـم تداولها في كتاب ألف ليلة وليلة حول جواري الرشيد، وترقص الممثلة أمـام المهرج على الأنغـام التي يعزفها أحد الممثليـن، بينما يغني أغنية شـعبية غرامية سـرعان مـا تثيـر الجمهـور فيشـارك في ترديدها والتصفيق لها طرباً واستحساناً.

لقد صور الماغوط شخصية هارون الرشيد بأسلوب يرتبط الذم فيه بما يشبه المدح، وهو يقصد الذم في بعض المواضع أو يواجهها مباشرة بنقده لها، فنجده في وصفه لهارون الرشيد بأنه خير من يمثل العدالة العربية والكرم والشهامة، وفي تناوله لقصة الأعرابي ولنهايته المأساوية، إنما يخالف بذلك المدح الذي صوره لنا الماغوط، حول العدالة العربية والكرم العربي،

---

1. المصدر نفسه، ص(519-521).

الذي قدم في أبهى صوره وأروع أشكاله بأسلوب كله خفة ومجد ومكارم، وهذا يحيلنا إلى معنى العدالة الحقيقة التي يتميز بها العربي، والكرم في أحسن صورة، فالمدح هنا مبالغ فيه، وبذلك فإن الماغوط أراد أن يذم هذه العدالة العربية والسخرية منها فقدمها في شكل مدح، لأن هذا الأسلوب أبلغ أساليب التأثير في المتلقي، وتتجلى السخرية في السخرية من التاريخ ومن الصفات والأفعال، وكذلك من العمى الذي يحجب عن الناس رؤية الحقائق أمام أعينهم، بل ينظرون إلى الزائف منها فقط[1].

أما شخصية (صقر قريش) فقد استلهمها الماغوط من التاريخ لتقديم صيغة نقدية للوضع العربي الحالي، وقد تم بناؤها في النص وفقاً للغاية التي وجدت لأجلها، ففي البداية ظهرت الشخصية من خلال شخصية (المهرج) ضمن المشاهد التمثيلية، حيث قدمت وهي تلبس ملابس عصرية وتتكلم لغة هجينة وتتصرف تصرفاً كاريكاتورياً مضحكاً، ولم يكن الهدف من ذلك، الاستهزاء بها وإنما أراد المؤلف توجيه النقد إلى الحكام العرب في الزمن الحالي، بانصرافهم عن أمور الأمة إلى المساخر واللهو، ثم جاءت الشخصية في النص وفق الدقة التاريخية، إذ صور (صقر قريش) كشخصية تاريخية بملابسه وسيفه ومجلسه ولغته العربية الفصحى، وحينما جاء (صقر قريش) إلى الزمن العربي الحالي

---

1. ينظر: مدقن، سناء، السخرية ودلالتها في مسرحية المهرج لمحمد الماغوط، (رسالة ماجستير غير منشورة)، الجزائر- جامعة قاصدي مرباح- ورقلة، كلية الآداب واللغات، 2016م، ص (40-41).

صور كشخصية مستلبة فاقدة الإرادة تعيش أزمـة تشابه أزمـة (المهرج) في أبعادها السياسية بوصفها تعيش صدمة احتلال فلسطين، وواقع العرب المجزأ وولاء قياداتهم للأجنبي، ونظراً لتقديم شخصية (المهرج) للشخصيات التاريخية بهذه الصورة، فقد اتجه (صقر قريش) إلى معاقبته لقيامه بتزوير التاريخ وشخصياته، وكأنما أراد المؤلف هنا الانتصار للشخصيات التاريخية العربية التي تعرضت للتشويه ضمن مسارها التاريخي.

(6)

صورة هارون الرشيد في مسرحية
"الخاتم" لمحيي الدين زنكنة

تشكل مسرحية (الخاتم) لمحيي الدين زنكنة قراءة واعية ومعالجة مغايرة للمعطيات التراثية المتعلقة بشخصية الخليفة هارون الرشيد، ومنذ البداية يحيلنا إلى هارون التاريخ وهارون الليالي في سبيل الوصول إلى هارون الخاتم، "فهارون في الليالي مثلاً، هو غير هارون الرشيد في التاريخ، الذي رسمت الكتب صورته، وخطت الأقلام سيرته، ودون الرواة أخباره، وتناقلها المحبون والمبغضون.. إنما هو شخص آخر، أكاد أقول نموذج فني آخر، أبدعه خيال الراوي وبنى هيكله العظمي وكساه اللحم والجلد، وأجرى في عروقه الدم، ونفخ فيه الروح، فاستوى إنساناً آخر، مختلفاً تماماً، إذ جاء عابثاً لاهياً، ليس للعبه ولا للهوه حدود، لا تردعه عن الاغتراف منهما، والغرق فيهما، ذمة ولا ضمير، ولا يخفف غلواءه وإيغاله فيهما مقدس ولا محرم، وليس له من هارون (التاريخ) المسموع والمقروء، المتداول والموروث، سوى الاسم، حاله في ذلك حال الشخصيات الأخرى التي تزهرها الليالي، والتي تتناسل وتتوالد على مدى زمانها

155

المندلق"[1]، وبذلك فإن (زنكنة) يحيلنا منذ البداية إلى تنوع المصادر التاريخية والأدبية التي تناولت سير الرشيد، وهي على اختلافها تناولت شخصية الرشيد وفقاً لوجهات نظر أصحابها، بل وتم الافتراء عليه في كثير من القصص والحكايات والحوادث الملفقة، دون ارتكاز أغلبها على الحقائق التاريخية المرتبطة بشخصية ذلك الخليفة الخالد.

ومسرحية (الخاتم) تستنير في خلق شخصياتها وإبداع مخلوقاتها بنور الليالي الساطع، وبروحها الثرة الجامحة، وتتفيأ ظلالها وسحرها الأخاذ، وتستفيد بقدر ما، من نهجها في سير أشخاصها وأحداثها، بما ينطوي عليه هذا النهج من الانفلات واللاواقعية في أحيان كثيرة، وإذا كان ثمة ثقل فكري أو مضموني، يحد من انطلاقة (الخاتم) ويجعلها دون سحرية الحدة الخالدة (الليالي) -ومسرحية (الخاتم) لا تتوقف عند الليالي، ولا تخنق نفسها في شرنقتها، أو تئد أجنتها في قوقعتها بالرغم من كم الإبداع الخارق الذي تزخر به- فهي تطلق خيالها حرّاً محلقاً، لينسج أحداثاً ويخلق شخصيات، ويفرز أجواء ويبني هياكل بشرية، مشحونة بالروح والدم، تمنح العمل الدرامي الملح، ونكهة الحياة الواقعية، والمهيأة أن تصبح واقعية، على صعيد الفن، وجدليته في الصراع، فالأحداث والشخصيات والأجواء التي تمور بها مسرحية (الخاتم) هي غير التي نقلها لنا التاريخ، أو التي أبدعتها آداب الشعوب[2].

---

1. زنكنة، محيي الدين، مسرحية الخاتم، وزارة الثقافة، السليمانية، 2004م، ص9.
2. ينظر: المصدر نفسه، ص(9-10).

في مسرحية (الخاتم) يقدم (محيي الدين زنكنة) مجموعة من التوجيهات المسرحية التي تقضي بتبادل الأدوار بين الشخصيات، وذلك لتقديم الأحداث التي تتحرك بين التاريخي المعيش في مرحلته، وبين الفني المفترض في أزمنة لاحقة عليه، مستنداً في البناء الدرامي على دلالات ومرجعيات معرفية تناولت شخصية الخليفة هارون الرشيد وما اتصل به من شخصيات مثل الوزير جعفر البرمكي، والسيدة زبيدة، ومسرور.

ورغم أن هذه الشخصيات وما ارتبط بها من أحداث قد ورد في التاريخ وكتب الأدب، إلا أن زنكنة قد استلهم "الملامح المشتركة للمرحلة التاريخية تلك، لخلق ترابط بين التصوير الفني لها والرؤية التي تقف خلفه. وإذا كانت المرجعية التاريخية تخضع لسياق تحليل، فان المرجعية الفنية تخضع إلى سياق تحليل مختلف. وإذا كانت المرجعية التاريخية تتعرض لمحاكمة الواقع وما يتصل به من خلال تفسير الوقائع، فإن الفنية لا تخضع لها، وإنما إلى محاكمة فنية افتراضية مختلفة. وإذا كان المؤرخ تحكمه الوقائع، فإن الفنان تحكمه الرؤية. إزاء فروق من هذا النوع بين مرجعيتين في تناول مرحلة تأريخية أو شخوص من تلك المرحلة، خصوصاً المتحكمة فيها، فإننا نصل إلى نتائج مختلفة، تبعاً لنوع الباعث أو لنوع التناول والمعالجة أو لنوع الرؤية، فإذا كانت التاريخية يشوبها التناقض، بين مؤيد ومعارض، فإن الفنية، بالضرورة، تعكس هذا التناقض بالميل إلى أحدهما، وإن بدت بمعالجة فنية لواقع تأريخي عبر

واقع افتراضي، ليعكسه المنجز الفني، أو برؤية ثالثة، تحاول الوصول إلى الواقع المعيش، زمن الكتابة، عبر مناقشة الواقع التأريخي ونقده"[1].

من هنا تعددت خيارات زنكنة في بناء أحداث مسرحيته، حيث تحرك بين التاريخ ومعطياته، وبين قصص وحكايات ألف ليلة وليلة، وبذلك فإن المؤلف "قد جنح إلى خيار واضح من خلال انتقائها، فقد استلهم زنكنة من التأريخية عند المسعودي ما أورده حول الرشيد، بأنه كان ينفق على طعامه عشرة آلاف درهم يوميّاً، ويوميّاً يعد له الطهاة ثلاثين صنفاً، واستلهم من ألف ليلة وليلة: (يا معشر الناس كافة من كبير وصغير وخاص وعام وصبي (كذا). كل من نزل وشق الدجلة ضربت عنقه، او شنقته على صاري مركبه...)، وأضاف المؤلف من نصه المسرحي (الخاتم) مقطعاً منتقىً هو: (تغزوني بعض الأحيان، حالات تشظيني، تفتتت روحي، تزعزع إيماني، أقف خلفها أمام نفسي المفتتة المشتتة، عاجزاً عجزاً تامّاً غير قادر على لمها)، فتكون بذلك رؤية المؤلف قد استرشدت بهذه الإضاءة، فيما يتصل بشخصية الرشيد، أو حاولت الوصول إلى دلالات تتصل بواقع آخر من خلال استثمار هذه الخصائص وإضفائها على الشخصية المحورية في المسرحية"[2].

1. عاتي، حسن كريم، تبادل الأدوار؛ تبدل الدلالات في مسرحية (الخاتم) لمحيي الدين زنكنة، الحوار المتمدن، العدد، 5008، بتاريخ 2015/9/12م، ص(23-29).
2. المصدر نفسه، ص25.

إن الصورة التي أرادها المؤلف للرشيد، هي صورة مغايرة لما ورد في التاريخ أو في الليالي، فمثلما أقصى المؤلف التاريخي، نجده أيضاً قد أقصى الفني المرتبط (بالليالي) تحديداً، ليقدم صورة جديدة للخليفة، الذي ظهر شخصية غير محددة بسمات تشخيصية، "إنه هارون ثالث، لا يمت إلى هارون الأول ولا هارون الثاني بصلة، إلا بمقدار ما تمت النار المندلعة في غابة كثيفة، إلى جدحة أو شرارة سقطت فيها عفواً، وإذا كان في هارون (الخاتم) شيء من هارون (الليالي) أو هارون (التاريخ) فذلك لأن الكون بكل أطرافه المترامية، وبكل مخلوقاته وموجوداته مؤثر بعضه في بعض، ومتأثر به، في الوقت نفسه، بهذا القدر، أو ذاك... ببساطة شديدة تطمح (الخاتم) وتعتقد أنها من حقها أيضاً، أن تخلق للسيد هارون وجوداً ثالثاً خارج وجوده المصنوع في الليالي، وخارج وجوده المدون في التأريخ، ولكن ليس خارج التاريخ ولا خارج العصر/ الآن؛ زمن الكتابة المشبع بإرهاصات الآتي/ المستقبل والمستشرف إياه"[1]. وبذلك فإن شخصية هارون الرشيد هنا لا تستمد من التاريخ سوى اسمها التأريخي، ومن المرجعية الفنية سوى الأجواء التأريخية التي عاشت بها، وهذا لا بد أن ينعكس بالضرورة على مسار الشخصية والأحداث التي تمر بها، ودلالاتها الفكرية والجمالية.

جاءت الشخصيات في مسرحية (الخاتم) على ثلاث فئات، الأولى تتكون من: الخليفة هارون الرشيد وما اتصل به من

---

1. زنكنة، محيي الدين، مسرحية الخاتم، ص(11-12).

شخصيات مثل الوزير جعفر البرمكي، السيدة زبيدة، السياف مسرور، الفضل، المنادي الحاجب الأول، والحاجب الثاني، وجزء من هذه الشخصيات يمثل (الخاصة) في المرحلة التاريخية، بمصدريْها؛ التاريخي والفني، وتنتمي لذلك سياسيّاً وفكريّاً واجتماعيّاً واقتصاديّاً. أما الفئة الثانية، فقد تألفت من: أبو الأيسر، أبو السعد، نعم، إبراهيم، رحمن، زينب، القرد، مساعد1، مساعد2، وهم يمثلون العامة في المرحلة التاريخية ذاتها، وبخصائصها المناقضة للفئة الأولى. وتكونت الفئة الثالثة من: فرات، سلمان، والرسول، وهي تنتمي طبقيّاً إلى الفئة الأولى، أو أنها لا تمتلك موقفاً مضادّاً منها، إضافة إلى اشتمال المسرحية على مجموعات للمجاميع من بعض الجند وبضعة رجال وبضع نساء.

لقد استثمرت المسرحية من المرجعية التاريخية معلومة تخفي هارون الرشيد بأزياء عدة، والتجول في بغداد، للوقوف على أوضاعها، واستثمرت من المرجعية الفنية، ادعاء بعض العوام في (الليالي) وتخفيهم بشخصية هارون الرشيد للوصول إلى أغراض شخصية، لقد عمل الفكر الخلاق للفنان على استثمار الخاصيتين من المرجعيتين ودمجهما في عمل درامي مشترك، للوصول إلى تصادمهما معاً في فعل موجه، والوصول إلى أهداف مختلفة عن كليهما، بإذابتهما في بوتقة المسرحية (النص) وعاء الفكرة.. أهداف لا تتصل بأي منهما، فيكون المؤلف قد عمد إلى وسائل من بينها إحداث تغير كبير في الرؤية التاريخية

لشخوص المرحلة التي تناولتها المسرحية، لأنها لم تكن المعنية بهذه المعالجة، من خلال إقصاء المرجعيات المتصلة بها، على تنوعها، واستحداث علاقات جديدة مفترضة في بيئة لم تكن تلك العلاقات توافرت عليها؛ المرحلة نفسها، غير إن ظلالها في زمن الكتابة أكبر وأوضح[1].

ويدخلنا المؤلف منذ البداية بأجواء الأزمة التي تعيشها الشخصيات حينما يظهر الخليفة هارون الرشيد، بكامل أبهته، وهو مضطرب وقلق ولا يهتم بالولاة والقواد والتجار وهداياهم، وكل ما يشغله هو تأخر التاجر الذي سيقوم بإحضار الخاتم له، وبعد أن ينصرف زواره، يبقى وحده مع وزيره جعفر البرمكي وسيافه مسرور، حيث ينهض بعصبية:

"**الخليفة:** لم يحضر. حضر الجميع وهو لم يحضر (لا أحد منهما يجرؤ على قول شيء) لماذا.. ماذا حل بي؟ داهمه الموت؟ (صمت) قولا شيئاً، تكلما... لا تظلا صنمين أخرسين (يذرع المكان هائجا)... لن يعرف الهدوء طريقاً إلى قلبي ما لم أقبض عليه بأناملي (يشد قبضته.. يخرج..).

الوزير: (لا يعرف ماذا يفعل) ولعه المجنون بذلك الخاتم الملعون، أفقده رشده ورصانته... (كمن يخاطب نفسه) بات مثل صبي غر.

____

1. ينظر: عاتي، حسن كريم، تبادل الأدوار؛ تبدل الدلالات في مسرحية (الخاتم) لمحيي الدين زنكنة، ص26.

السياف: لا يعلم سوى الله إلى ما يمكن أن يقود نفسه...

الخليفة: (عائداً) أخشى أن يكون قد ندم.. ونكثَ بوعده.

الوزير: (محاولاً التخفيف عنه) هكذا هم التجار... طبقة متلونة. متقلبة لا عهد لهم ولا أمان... وهذا التاجر الحرباء الذي نصبته كبيراً للتجار أشدهم تقلباً وخداعاً"[1].

ويظل الخليفة يتحرق شوقاً كي ينال الخاتم السفياني، كي يتمكن بواسطته من استمالة قلب (نعم)، التي باتت وحيدة حزينة بعد أن غدر بزوجها ذات يوم، وهذا الخاتم يصفه الوزير جعفر بأنه مارجٌ من نار، يسلب العقل ويخطف القلب ويحرق العين، ومن أجل الحصول عليه يفرغ الخليفة بيت مال المسلمين حول التاجر الأموي حتى يكاد يدفنه تحت جبل الذهب، أما بيت مال المسلمين فيتولى الوزير جعفر بما وهبه الله تعالى من مكر وخداع، مهمة أن يملأه من جديد، خلال الأشهر الستة التي يغيبها الخليفة في الحج.

ومع تسلسل الأحداث يرسو زورق على ضفة دجلة بعد مغيب الشمس، فينزل منه (سلمان) وهو رجل على أعتاب الخمسين، ويتبعه صبي دون العاشرة يدعى (فرات)، ويعد سلمان مكسبه اليومي ليجده خمسين درهماً، نصفه لصاحب الزورق، وخمسة دراهم حصةً لبيت مال المسلمين، والبقية يتقاسمها وصبيّه (فرات):

1. زنكنة، محيي الدين، مسرحية الخاتم، ص15.

"فرات: (بدهشة) بيت المال؟ وما شأننا ببيت المال؟

سلمان: بيت المال هو بيت مال المسلمين، يعني مالنا.. يظهر أن الخليفة روحي فداه، قد أرهقه بعض الشيء إذ صرف أمواله في مصالح الإسلام ونصرة الحق، وفي تحمل نفقات حجيج بيت الله، تيمنا بحجه المبرور هذا العام. قال أبو حاتم صاحب الزورق إنهم فرضوا عليه خمسمائة درهم كل يوم، وهو بدوره، فرض علينا خمسة دراهم.

فرات: خمسة دراهم لا تقيم أود عصفور. بماذا يمكن أن تنفع بيت المال أو تسد نقصه... (...). إن هذا ليس عدلاً.. صاحب الزورق يناصفك الوارد.. ثم يغتصب منك خمسة دراهم إضافية.. أنت في أمس الحاجة إليها.. لا.. لا، ليس هذا عدلاً"(1).

وأمام تساؤلات الصبي (فرات) ابن حبيبته (زينب) الأرملة التي اغتالوا زوجها هي الأخرى، تتحرك أفكار سلمان ويبدأ باستذكار ذكرياته مع زينب وهو يتقلب ويتنهد بحسرة، يقول:

"سلمان: ... زينــب... أتفكريــن بي الآن مثلمــا أفكر بك؟ أتريننــي، رغــم البعــد، مثلمــا أراك؟ (تتراءى أمــام عينيه المغمضتين.. صــورة امرأة جميلة)

____
1. المصدر نفسه، ص(25-26).

أيسعدني الزمن بوصالك. تالله لأسكنك في عين
وأسكن فرات في عين، وأرى الدنيا من خلالهما...
(يبتسم) إذن تسألين عني أيتها الحبيبة... أيكون
لـي عندك مـا لـك عندي (أصوات أقدام، من بين
الأحـراش مقبلة نحوه، ولكن لا ينتبه لها.. يضع
كفيه تحت رأسـه.. يرنو إلى السـماء.. ثم يشرع
يغني بنبرات حزينة...).

لَـمْ يَـدْرِ مَـن كَحَـل الكـرى أجفانَهُ

ماذا يكابد في الهوى من يسهر(...).

خليلـيَّ مـا بـال الدجى ليـس يبرح

ومـا بال ضوء الصبـح لا يتوضح؟

أضـل الصبـاح المسـتنير طريقـه

أم الدهـر ليل كله ليـس يبرح؟"[1].

وينقلب سلمان على وجهه وهو يغشيه النعاس، بينما تقترب
أصوات أقدام من المكان، فيدخل رجل ملثم متقلداً سيفه، فيقف
مع اثنين آخرين على رأس سلمان، وهؤلاء هم (مسرور)
سيّاف الخليفة ومساعداه، ومسرور هنا ليس مسروراً (الحقيقي)
وإنما هو مسرور (الموازي)، وهو رجل يخرج من بين الجياع
الثائرين ليلبس قناع مسرور السياف ويمثل دوره أمام الناس،

---

1 المصدر نفسه، ص29.

ليعبر عن شخص شرس، ظالم، قبيح، وذلك من أجل إثارة غضب الجماهير، ومن بينهم سلمان، فيصل بها إلى الغليان ومن ثم الثورة على الخليفة:

"مسرور: كيف تشكو دهراً، يحكم فيه أعدل أهل الأرض؛ الخليفة هارون الرشيد؟

سلمان: إنه صوت قديم كنت أسمعه في مجالس الطرب في البصرة، وطاب لي ترديده.

المساعد 2: لا تردده بعد الآن أبداً.. ماذا تفعل هنا؟

سلمان:
أنقل العابرين بين ضفتي دجلة، وأكسب قوتي.

المساعد 1: عليك أن تقلع عن هذه العادة القبيحة، منذ الليلة.

سلمان: (باستغراب) عادة؟ وقبيحة؟ إنه عملي وهو مصدر رزقي الوحيد.

مسرور: حتى ولو كان مصدر حياتك الوحيد، فأنت تزعج الخليفة.

سلمان: وما شأني بالخليفة، أو شأنه بي، روحي فداه... (المساعدان يتبادلان النظر).

مسرور: الخليفة، روحك فداه، نزل به كرب عظيم، فأشار عليه أطباؤه، وأفتى له فقهاؤه، ونصحه

خلصــاؤه، أن يقضي ما تبقى لــه من العمر بين أحضــان الغوانـي (يتراقص) فـي مجالس لهو وأغـــان، تميــس فيها الجـواري... ويفســق فيها الغلمان. تجري فيها الخمور أنهارا... تسفح فيها دمـاء العذارى (بصوته الطبيعي) أقصد (يهمس في أذنه مع إشارة فاضحة).

سلمان: (يدفعه بغضـب) قبح الله وجهك... أتفتري على أمير المؤمنين.. روحي فداه؟"[1].

ومن الملاحظ أن المؤلف يقدم لنا الشخصيات بشكل مغاير للمعطى التاريخي والفني، وكأنما يريد من خلال ذلك تقديم شخصيات ذات معان معكوسة، ليظهر من خلال ذلك حالة من التناقض في تقديم الشخصية التاريخية، بما يمكن من إبراز التناقضات الاجتماعية ضمن بناء عقلي متعدد العناصر، تم تقديم أحداثه من خلال تبادل الأدوار بين الشخصيات، التي تحركت بين التاريخي المعيش في مرحلته، وبين الفني المفترض في أزمنة لاحقة عليه، من خلال الارتكاز على تلك الدلالات والمرجعيات المرتبطة بالشخصيات، في إطارها التاريخي كشخصية الرشيد، جعفر البرمكي، زبيدة، ومسرور.

ومع تطور الأحداث يستغل الجياع والمضطهدون غياب الخليفة في الحج فيثورون على الخلافة ويقودهم (أبو الحزم)،

____
1 المصدر نفسه، ص(31-32).

الوافد من أعماق الأهوار، وتأتي ثورتهم في الوقت الذي ينهمك الوزير فيه بجمع المال، ليستولي الثوار على قصر التاجر المرواني ويلبسون أقنعة هارون وجعفر وزبيدة ومسرور، ويتم تمثيل أدوارهم بأبشع ما يكون، لكي تكشف للناس زيفهم وخداعهم وبطلان سلطتهم الغاشمة وتدفعهم إلى الثورة.

وبعد أن يغير الخليفة جلدته، وهذا ما سيفعله مرات ومرات خلال يوم وليلة، نجده لا يتردد في الدخول بحوارات مع معارضيه، فحينما تعبر الرعية عن بساطتها وموقفها الرافض لممارسات الخليفة، نجده يدخل معهم بلعبة مسرحية حينما يلومهم على تخاذلهم، ولما تحدثوا عن فسق الخليفة وفجوره، لم يتردد الرشيد بالقول بأن الخليفة لو كان بهذا القدر من الانحلال، فما الذي يدعوكم إلى خدمته وحمايته؟ لكن ردودهم جاءت صادمة حينما أكدوا بأنه قد اشتراهم وأغرقهم بالجاه والنعيم، وتدخل الشخصيات في لعب حكاية جديدة للتعبير عن فكرة سياسية جديدة، حيث يحدث انقلاب في البلاط يقوده حفنة من المغامرين، وتعطى الولاية لخليفة جديد ويتم استحضار سيافيه ووزرائه وتجاره.

لكن الخليفة يدفعه شوقه إلى (نعم) حتى يكاد يفقد رشده، فيخل بنذره أن يحج ماشياً ويترك الحجيج متذرعاً بحدوث أمور خطيرة في عاصمته بغداد، التي ينقلب إليها عائداً مع خادمه وسيافه (مسرور) وهما متخفيان في أسمال الشحاذين، وبالقرب

من بغداد يعثر الرشيد على راعٍ ساذج ثرثار فيرسله إلى وزيره ليستقدمه، ويرسل معه الخاتم علامة للوزير الذي يمتثل للأمر ويأتي مولاه متنكراً هو الآخر، وعلى شاطئ دجلة؛ في سكون الليل، يغير هارون جلده مرة أخرى، فشخصية الخليفة الرشيد وما حولها من شخصيات واقعية، تتبدل طبقاً لمرجعياتها المتعددة، إذ إن "تحديد ملامح هذه الشخصيات اعتمد المصادر التاريخية التي رسمتها، سواء كانت تلك المصادر متعاطفة معها أم بالضد منها، غير أنها حاولت أن تكون موضوعية، أو أنها ادعت ذلك، من خلال ربط الأحداث بمسبباتها ونقل الرؤية الفكرية التي تقف خلفها إلى المتلقي. أما المرجعية الفنية، فكان لحكايات شهرزاد في (ألف ليلة وليلة) أثرها الأكبر في خلق ملامح هذه الشخصيات، عبر افتراضها واقعاً فنيّاً، يرتبط بالرؤية الشعبية للمرحلة التاريخية التي عاشت بها تلك الشخصيات، بوصفها عناصر مؤثرة في الواقع التأريخي الذي وجدت فيه"[1]، ومن هنا يتخلص هارون من جلده كلية ليظهر لنا كما هو، بكل تقلباته، وتتبلور صورته، بحسب مرجعياتها الفنية إنساناً ضعيفاً نتيجة لعشقة لنعم الذي أفقده عقله، يقول:

"**الخليفة:** لـم أبتعد خطـوة واحـدة.. ولـم أفارقهـا لحظة واحـدة.. كنت مثـل بغل الطاحونـة الدائر حول

---

1. عاتي، حسن كريم، تبادل الأدوار؛ تبدل الدلالات في مسرحية (الخاتم) لمحيي الدين زنكنة، ص23.

الرحـى، أدور فتـدور نعـم معـي، أتنفس هواء اسمه نعم.. أتنشق أريجاً اسمه نعم.. بيد أني كنت أكابر.. أخدع نفسي لكي أخادع غيري.. أتظاهر بنسـيانها وأنا في لج الانشـغال بها.. أبعدها عن ذهني وهي تسـري في عروقي، قسماً بقبر جدي الشـريف الذي مـا زال ترابه عالقـاً بجبيني، لم تشـغلني مسألة من مسـائل الدنيا والآخرة مثلما شـغلتني نُعم(...) أنا.. أنا أعيش عذاباً مزدوجاً.. يغطـس تحتـه الجمـل.. أحمل هما ينهـار تحته الجبل.. أرسـم علـى وجهي البشاشـة والبهجة، وتغلف عيني وقلبي غمامة سوداء"[1].

وبقدر الحب الذي يحمله هارون لنعم، نجدها تكن له كل الحقد والبغض، نتيجة لقيام هارون بقتل زوجها حتى يخلو له الجو للوصول إليها، وبينما يظهر الخليفة الرشيد على هذه الصورة الهزيلة، نجد أن (زبيدة) تبدو بصورة مغايرة للواقع التاريخي، ففي أحد المشاهد تدخل السيدة (زبيدة) ضمن هذه اللعبة المسرحية، حيث تظهر مع عدد من الرجال وهم يتشاورون جميعاً فيما بينهم، وبعد فترة من الوقت يخاطبها الوزير قائلاً:

"**الوزير:**   (يهتـف) يـا رحمـة اللـه الواسـعة.. أنت ملاك الرحمة.. يا سيدتي..

1. زنكنة، محيي الدين، الخاتم، ص84.

زبيدة: اخرس.. لست ملاكا.. أنا زبيدة التي تهوى التسلية بالناس.. ألم تسمع بزبيدة؟

الوزير: أنا سيد أنواع التسلية يا مولاتي، ما عليك إلا أن تختاري وتأمري.. أنا طوع أمرك.

المساعد 2: السيدة الكبرى زبيدة، تهوى مسخ البشر، واللعب بهم.

الخليفة: (والوزير والسياف) مسخ البشر، معاذ الله.. أعوذ بالله...

زبيدة: أمسخهم قروداً، مثل هذا القرد، وألهو بهم وأتسلى.. زوجي هارون يمسخ الرجال والنساء، أما أنا -وبتخويل منه- فأكتفي بمسخ الرجال. منذ بضعة شهور (تركل القرد)؛ مسخت هذا قردا. كان في البداية قويّاً نشيطاً، يجيد فنوناً عديدة، أما الآن فقد نال منه الإعياء، وقد آن تبديله.

القرد: (لنفسه) هل أصدق أن يوم عتقي قد حل... وسأخلص من هذا الثقل الكبير المربوط إلى صدري، يقوس ظهري ويمرغ في التراب أنفي، وأعود قامة مستقيمة، أسير على اثنين، كما خلقني ربي، ولا أدب على أربع كما مسختني السيدة"[1].

____
1. المصدر نفسه، ص138.

وتماشياً مع شيوع ظاهرة المسوخ في المجتمعات القمعية يندفع هارون وجعفر ومسرور وهم يرتدون أسمالهم البالية، إلى العبور نحو الجانب الآخر من دجلة، لكنهم يقعون في قبضة مجموعةٍ من الثوار في لباس الوزراء والحاكمين وفيهم زوجة هارون (زبيدة)، وبين أيديهم قردٌ ضخم مشدود إلى حبل قرّادٍ ساخرٍ، ومع تطور الأحداث تنزل المفاجأة كالصاعقة على رأس هارون، وذلك حينما يجد أن الثائرة التي تقمصت دور (زبيدة) ليست إلا (نُعم) معبودة فؤاده المتمنعة عليه، والقرد الضخم العجيب ليس إلا كبير التجار السفياني الذي تم تحويله إلى مسخ.

وعلى شاطئ نهر دجلة تنعقد محاكمة سريعة ترأسها (نُعم/ زبيدة) وتحكم على الثلاثي (المتهم بقتل سلمان وسرقة زورقه) بأن واحداً منهم فقط سيبقى على قيد الحياة، وذلك هو من يجيد التحول إلى قردٍ ممسوخ من الشخصيات الثلاث:

"زبيدة:

بمزيد من الصبر، وأعمال العقل، نعرف حقيقتهم (تتشاور مع جماعتها) اسمعوا يا قرود.. أنا أريد قرداً واحداً، وأنتم ثلاثة.. سـوقوا اثنين منهم إلى النهر.

الخليفة:

أنا ذاك الواحد.. أنا أكون ذاك الواحد...

السياف: بل... أنا... يا إخوان... أنا...

الوزير: أنــا مــن ينبغي أن يكون.. فأنــا أول من ارتضى أن يكون...

الخليفة: مولاتي الكريمة، أبقي علينا نحن الثلاثة قروداً.. قـرد لك وقرد لمولاي مسرور وقرد لمولاي جعفر.. نسـليكم جميعاً.. نرقص.. نلعب.. نروح عنكم... فلا تفرطوا بأي منا"[1].

وقبل نهاية المسرحية يكتشف الخليفة المؤامرة التي حيكت له، وبعد أن تستتب الأمور، يستيقظ الناس في فجر يوم من الأيام، ليجدوا أن كلاً من نعم ومساعديها قد صلبوا أمام جامع المدينة، وقد علقت جثثهم بعدما جرى تشويهها والتمثيل بها، ويدخل المنادي وهو يضرب على طبل، فيقبل الناس عليه ويروعهم ذلك المشهد، فيتساءلون فيما بينهم عما جرى، وهل عاد الخليفة من الحج، وأي بدعة ما يشاهدونه في هذا الزمان؟! فلا يمكن أن تصلب امرأة وتعرض أمام الناس بهذه الطريقة لأن ذلك حرام، لكن المنادي يقول:

"المنادي: (يصعد مرتفعاً) يا عباد الله، يا عباد الله هلمّوا.. هلمّوا.. ارجموا شياطين الكفر والإلحاد.. ارجموا أبالسة الفسق والفساد.. ارجموا، تنالوا ثوابكم.. العنوهم تقبل صلواتكم (...). لصوص وأشرار، انتهـزوا غياب الخليفة عن البلاد، فسطوا على

<hr>

1. المصدر نفسه، ص(140-141).

بيت المال.. ونصبوا رأس العصابة خليفة، معاذ الله.. واصطنعوا لهم من اللصوص والحمالين والصعاليك وزراء وأمراء.. يسرقون، ينهبون، يقتلون، يسومون الرعية سوء العذاب، مدعين أن الخليفة حاشاه، قد أمر بكل ذلك الظلم والفساد"[1].

وحتى لا يرجم المغرر بهم من الناس الجثث المصلوبة، يقوم سلمان وزينب وفرات وآخرون بخداع هارون، حيث يتجه سلمان إلى المسجد لرفع الآذان، فيصبح لزاماً على الخليفة أن يؤم الناس رغم إصرار التاجر الأموي على القيام بالرجم قبل الصلاة، وحينما يتوجه هارون وأعوانه إلى المسجد تقوم زينب وابنها فرات ومساعدوهما بإنزال الجثث ورفعها على الأكتاف والسير بها في موكب مهيب، وهذه النهاية التي أرادها زنكنة لمسرحيته أفضت إلى أنه "قد انتصر الشر ممثلاً بشخصية هارون وأزلامه، وتراجعت قوة الخير ممثلة بمن كان يؤدي دور الأشرار بقصدية واضحة. بمعنى آخر: المسرحية الكبيرة الأولى قد هيمنت على المسرحية الصغيرة الثانية واحتوتها عن طريق الانتصار عليها، وصلب أفرادها والتمثيل بجثثهم، هذه هي النهاية التي أرادتها المسرحية واختارتها قوى الشر، ولكن زنكنة لم يعتبرها كذلك، فالقوة الثالثة التي وضعها بين رحى القوتين،

---

1. المصدر نفسه، ص(163-164).

لـم تكـن مجرد فكرة عابرة أو إشـارة إلى ظلـم الظالمين وجور المسـتبدين واسـتغلالهم واسـتغفالهم لهذه القوة حسب، بل تؤدي هذه القوة دورها الفاعل الذي يجعل نهاية المسرحية مفتوحة على الزمن المقبل"[1].

إن المسرحية هنا تقدم رؤية فنتازية للشخصيات والأحداث التاريخية مظهرة حالات القهر التي يعيشها الإنسان في ظل حالات الاستعباد التي تمارس عليه من قبل السلطة، والتي لا تتناسب مع قيمه ومكانته، وفي ضوء ذلك جاءت مسرحية (الخاتم) لتقدم "صورة للوعي المدرك من خلال استلهام تلك المرجعيات التاريخية والمعرفية، وبذلك نكون أمام شخصية مفترضة في الواقع الفني لليالي، حيث يستلهمها المؤلف في الواقع الفني لمسرحيته، فيتم إقصاء التاريخي عن وعي والحفاظ على الفني عن وعي أيضاً، عبر ما يمنحه من فرصة واسعة للتحليق في فضاء التأويل، لخلق واقع فني جديد، يصلح لمناقشة أفكار معاصرة، وإن بدت بثوب تأريخي، بل وتطويره عبر الاستنارة به. وشكل التدرج في إقصاء المرجعيات المرتبطة بشخوص المسرحية موفقاً للوصول إلى واقع زمن الكتابة (الآن)، وبذلك تم استبدال الواقع التاريخي بواقع فني مفترض (الليالي)، واستبدال هذا الواقع بواقع فني مفترض آخر، لا

---

1. الأنباري، صباح، محيي الدين زنكنة ولعبة المسرح داخل المسرح الحفر بإزميل المعرفة على صخور التراث، جريدة الزمان - لندن، العدد1727، بتاريخ 2/ 10/2004.

يستثمر سوى الأسماء وبعض من الوقائع، من التأريخي والفني الأول، لمحاكمة الواقع المعيش وانتقاده"[1]. ومن الملاحظ أن الشخصيات الممثلة للرعية قد نزلت أحياناً عن حريتها بمحض اختيارها، ووصلت من خلال الاستعباد إلى حالةٍ من التشيؤ أو اللا أنسنة، لا سيما حينما تم تحويل الإنسان إلى قرد نتيجة لظروف سياسية واجتماعية قاهرة، خارجة عن إرادة تلك الشخصيات.

لقد عمد المؤلف في مسرحية (الخاتم) إلى إحداث متغير (شكلي) في انتماء الشخصيات، عبر استبدال كل طرف منها صفته الطبقية (من الخواص إلى العوام) ومن (العوام إلى الخواص)، للوصول إلى غايات تختلف عن غايات الطرف الآخر. وقد أفضى ذلك إلى إحداث تغير مضموني نتيجة للتغيير الشكلي الذي أحدثه النص، مما يجعل من الانتماء إلى فئة وإحداث المتغير عليها، حالة من الاستبدال الشكلي للانتماء نحو أداء مغاير لهذا الانتماء، وبذلك يتم تبادل الأدوار بين الفئة الثانية، كل منهما بالاتجاه المعاكس للأخرى، مما يخلق دلالات جديدة ترتبط بالرؤية، التي يقف خلفها الانتماء الطبقي لكلا الفئتين، وبذلك استثمرت المسرحية من المرجعية التاريخية معلومة تخفي هارون الرشيد بأزياء عدة والتجول في بغداد، للوقوف على أوضاعها، واستثمرت من المرجعية الفنية، ادعاء بعض العوام في (الليالي) وتخفيهم بشخصية هارون الرشيد للوصول

____

1. عاتي، حسن كريم، تبادل الأدوار؛ تبدل الدلالات في مسرحية (الخاتم) لمحيي الدين زنكنة، ص26.

إلى أغراض شـخصية، وتم اسـتثمار الخاصيتيـن ودمجهما في عمـل درامـي مشـترك للوصول إلـى تصادمهما معـاً في فعل موجـه، للوصول إلـى أهداف مختلفة عن كليهمـا، بإذابتهمـا في بوتقة المسـرحية (النص)، وهـذه الأهداف لا تتصل بأي منهما، فيكـون المؤلف قد عمد إلى وسـائل من بينهـا إحداث تغير كبير في الرؤية التاريخية لشخوص المرحلة التي تناولتها المسرحية، لأنها لم تكن المعنية بهذه المعالجة، من خلال إقصاء المرجعيات المتصلة بها، على تنوعها، واسـتحداث علاقات جديدة مفترضة في بيئة لم تكن تلك العلاقات توافرت عليها المرحلة نفسها، غير إن ظلالها في زمن الكتابة أكبر وأوضح[1].

إن الشخصيات تتحرك بين الحلم والواقع، بين الحقيقة والخيال، ولما كانت الأحلام مستودعاً واسعاً للرموز والصور، ومجالاً لانعتاق الغرائز، فإن (زنكنة) قد اتخذ منها مرتكزاً من المرتكزات الخاصة ببناء الشخصيات والأحداث المرتبطة بها، وهذا يحيلنا إلى أن المسرح هنا إذا لم يكن ثوريّاً بالمعنى الكامل، فهو على الأقل قد يمهد جمهوره للثورة، وذلك بتجاوزه للأطر المسرحية التقليدية، مما يجعل منه أداة فعّالة في فعل التغيير والإصلاح، وهذا النوع من المسرح يحتاج إلى صيغة مسرحية، من شأنها أن تتواءم مع الحساسية المحلية، ويحتاج أيضاً إلى فضاءات جمالية تمكن الأديب من التعبير عن فلسفته ورؤيته

---

1. ينظر: المصدر نفسه، ص(27-28).

الاجتماعية والسياسية للواقع، لذلك فهو يؤسس العلاقة مع المتلقي ضمن سياق مختلف يجعل منه فاعلاً، ويناقش احتمالات التغيير على المستوى الإنساني والاجتماعي والسياسي.

الخاتمة

أسفر الكتاب عن عدد من النتائج أهمها:

- جاءت شخصية هارون الرشيد وفق معالجة درامية مغايرة لطبيعة واقعها التاريخي، وذلك نتيجة لاعتماد المؤلف المسرحي العربي على الحكايات الشعبية كحكايات ألف ليلة وليلة، أو اعتماد مصادر التاريخ المشوهة، وقد ظهر ذلك واضحاً في تقديمها في مسرحيات: (هارون الرشيد في مسرحية أبو الحسن المغفل) لمارون النقاش، ومسرحية (هارون الرشيد مع الأمير غانم بن أيوب وقوت القلوب) لأبي خليل القباني، ومسرحية (الملك هو الملك) لسعد الله ونوس، وجاءت تلك المعالجات الأدبية بهدف تحقيق الإمتاع والتسلية في المسرح على الأغلب.

- جاءت شخصية الرشيد في المسرح العربي وفق معالجة درامية أكثر تمثيلاً لروح الشعب وضميره، وقد بنيت المسرحيات العربية التي تناولت الشخصية التاريخية ضمن مرجعيات تراثية، حيث أثرت في اختيار الشكل المسرحي الذي جاءت عليه، والذي لم يتجاوز سياقات القالب الشعبي الاحتفالي، فقد ارتكز المسرحيون العرب

في إعدادهم وتأليفهم لنصوصهم المسرحية حول شخصية هارون الرشيد على حكاية (النائم واليقظان) التي وردت في كتاب ألف ليلة وليلة كما ظهر ذلك عند (النقاش، القباني، وونوس).

- انطلق المسرحيون العرب في مسرحتهم لسيرة الرشيد وأخباره من رؤية نقدية معاصرة، في محاولة لوضع المتفرج في مواجهة مع هذا التاريخ الذي أخذت معالجته طابعاً علميّاً، يرمي إلى ربط الماضي بالحاضر من أجل تأسيس رؤية مستقبلية، وظهر ذلك واضحاً في المعالجة التي قدمها سعد الله ونوس في مسرحية (الملك هو الملك).

- ركزت المسرحيات العربية التي تناولت شخصية الرشيد على توظيف الظواهر الشعبية العربية، لتجسد بذلك احتفالاً شعبيّاً مفتوحاً، يقوم على فعل درامي ذي وسائل تعبيرية مختلفة، من شعر وغناء وحكاية وتقليد وزجل وألعاب بهلوانية، ويعزز تواصل الذوات وتحاورها داخل المكان والزمان الاحتفاليين، وقد ظهر ذلك واضحاً من خلال تقديم شخصية هارون الرشيد من قبل كل من (النقاش والقباني).

- تأسست التجربة المسرحية التنويرية والريادية في المسرحية العربية التي تناولت شخصية الرشيد، من خلال

180

العودة إلى الحكايات والشخصيات التاريخية والشعبية القريبة من الناس وأذواقهم؛ وقد اتسمت المعالجات المسرحية للتراث بإضفاء تفسيرات وأبعاد فكرية جديدة ومغايرة، وهيمنت الميلودراما على مسرحيات كل من (النقاش والقباني)، وقد كان للجمهور موقفه الرافض من تقديم الشخصيات التاريخية كشخصية هارون الرشيد بصورة لا تليق بها، علماً أن القباني قد جعل لذلك عدداً من المبررات الفنية والأخلاقية، التي لا تتعارض مع طبيعة المجتمع العربي الإسلامي.

- خضع استلهام شخصية (الرشيد) التاريخية في النص المسرحي العربي للمعطيات التي جاءت بها حكايات كتاب (ألف ليلة وليلة) وكتب التاريخ غير الموثوق بها، مما حال دون تقديم هذه الشخصية بما يليق بها، وبحسب ما أورده الثقاة من المؤرخين حولها من قيم بطولية ومبادئ سامية، وفي مسرحية (العباسة) لعزيز أباظة التي اختار فيها موضوعاته من التاريخ العربي والإسلامي غالباً، تناول المؤلف قصة من القصص المتداولة في التاريخ العربي الإسلامي في إطار اجتماعي وسياسي وديني، وهي قصة العباسة أخت هارون الرشيد مع جعفر بن يحيى البرمكي التي ربطها المؤرخون العرب ربطاً وثيقاً بالنكبة التي أنزلها هارون الرشيد بالبرامكة، وربما استهوى الموقف الرومانسي شبه الأسطوري في

تلك القصة عزيز أباظة، فلم يدقق بأن التاريخ لم يَخلُ من تعسُّف واضح.

- اشتملت المسرحية التاريخية العربية التي تناولت شخصية الرشيد على عدد من المقاربات التاريخية، وقد وظف المبدع المسرحي التاريخ بطريقة فنية، هدفها خدمة الحاضر واستشراف المستقبل، وذلك لدعوة أبناء الأمة إلى الحفاظ على مقدراتهم وهويتهم وملامحهم الخاصة المستقلة، واقتضت معالجة المؤلف المسرحي العربي للأحداث التاريخية أن يختار منها ما يلائم هدفه، ويترك ما لا يفيده من تلك الأحداث، فجاء توظيفه لهذه الأحداث التاريخية، نابعاً من ضرورات فنية وليس من قبيل الترف العقلي، وهو بذلك قد انطلق من أن العلاقة بين التجربة الواقعية والتجربة التاريخية، هي علاقة اتصال وانفصال، فهو إما يمزج مزجاً واضحاً ومتعمداً بين التاريخ والواقع، فيتداخلان على نحو يصنع منهما بنية موحدة كما عند (أباظة، وزنكنة)، أو يقدم رؤية جديدة تعتمد الخيال كما في مسرحيتي (الملك هو الملك) لسعد الله ونوس، و(المهرج) لمحمد الماغوط.

- إن البناء الدرامي للمسرحية التاريخية العربية التي تتناول الأحداث التاريخية المرتبطة بشخصية الرشيد، يجعل المتخيل من الشخصيات يتداخل مع ما هو

تاريخي واقعي، لتقديم صورة واضحة المعالم عن الواقع العربي الإسلامي، وقد أضفى ذلك على الإبداع قيمة مضافة، لكون المسرح يعتمد حساسية خاصة في التعبير عن الوضع التاريخي والحضاري، ليعكس الكثير من مفردات الفعل، وهذا ما يبدو واضحاً في مسرحية (الملك هو الملك) لسعد الله ونوس، ومسرحية (الخاتم) لمحيي الدين زنكنة.

- تقوم المسرحية العربية في تناولها لشخصية الرشيد على حشد من الأحداث الحقيقية والمتخيلة التي تتحرك بقوة ونشاط، وهي تعبر عن قدرة فنية عالية في التوفيق بين الأحداث المسرحية رغم تنوعها، وتشتمل على منظومة من القيم الأخلاقية والحضارية والاجتماعية في مرحلة زمنية معينة، وتلتقي مع التاريخ من ناحية تعاملها مع الزمن بأسلوب خاص، ومحاولة تغطية امتداداته الثلاثة، الماضي والحاضر والمستقبل، فقد اختار (سعد الله ونوس) حكاية من ألف ليلة وليلة، وأضاف إليها من إلهامه ما يساعد على رسم صورة حية لتلك الشخصية التي لا بد أن تتوازى بعض الأحداث المرتبطة بها مع أحداث معاصرة. وفي مسرحية (الخاتم) لمحيي الدين زنكنة قدم المؤلف رؤية فنتازية للشخصيات والأحداث التاريخية، مظهراً حالات القهر التي يعيشها الإنسان من قبل السلطة، والتي لا تتناسب مع قيمه ومكانته،

وحملت المسرحية صورة للوعي المدرك من خلال استلهام تلك المرجعيات التاريخية والمعرفية، وبذلك نكون أمام شخصية مفترضة في الواقع الفني لليالي، وتم إقصاء التاريخي عن وعي والحفاظ على الفني عن وعي أيضاً، عبر ما يمنحه من فرصة واسعة للتحليق في فضاء التأويل لخلق واقع فني جديد يصلح لمناقشة أفكار معاصرة، وإن بدت بثوب تأريخي.

- عمد المؤلف في تقديمه لصورة الرشيد في المسرح العربي إلى إحداث متغير (شكلي) في انتماء الشخصيات، عبر استبدال كل طرف منها صفته الطبقية (من الخواص الى العوام) ومن (العوام الى الخواص) للوصول إلى غايات تختلف عن غايات الطرف الآخر. وقد أفضى ذلك إلى إحداث تغير مضموني انعكس على الأحداث مما خلق دلالات جديدة ترتبط بالرؤية التي يقف خلفها الانتماء الطبقي لكلا الفئتين، وبذلك استثمرت المسرحية من المرجعية التاريخية معلومة تخفي هارون الرشيد بأزياء عدة وبالتجول في بغداد، للوقوف على أوضاعها، واستثمرت من المرجعية الفنية، ادعاء بعض العوام في (الليالي) وتخفيهم بشخصية هارون الرشيد للوصول إلى أغراض شخصية.

<h1 style="text-align:center">المصادر والمراجع</h1>

- القرآن الكريم.

أ- الكتب المنشورة والرسائل العلمية:

- ابن الأثير، عز الدين أبو الحسن علي بن محمد بن محمد بن عبدالكريم الجزري الشيباني، الكامل في التاريخ، تحقيق: أبو صهيب الكرمي، السعودية: بيت الأفكار الدولية/ المؤتمن للتوزيع، السعودية.

- ابن خلدون، عبدالرحمن بن محمد بن خلدون الحضرمي، العبر وديوان المبتدأ والخبر، تحقيق: سهيل زكار، دار الفكر، بيروت، 2000م.

- ابن خلدون، عبدالرحمن بن محمد بن خلدون، مقدمة ابن خلدون، تحقيق: علي عبدالواحد وافي، الهيئة المصرية العامة للكتاب، القاهرة، 2006م.

- ابن خياط، أبو عمر خليفة، الطبقات، تحقيق: أكرم ضياء العمري، مطبعة العاني، بغداد، 1967م.

- ابن طباطبا، محمد بن علي، الفخري في الآداب السلطانية، دار صادر، بيروت.

- ابن العبري، أبي الفرج غريغوريوس بن أهرون الملطي، تاريخ مختصر الدول، وضع حواشيه خليل المنصور، ومحمد علي بيضون، دار الكتب العلمية، بيروت، 1997م.

- أبو الفداء، الملك المؤيد عماد الدين أبي الفداء إسماعيل بن علي بن محمود بن عمر بن شاهنشاه بن أيوب، تاريخ أبو الفداء المختصر في أخيار البشر، دار الكتب العلمية، بيروت.

- ابن قتيبة، الإمامة والسياسة، تحقيق: طه محمد الزين، دار المعرفة، بيروت، د. ت.

- ابن كثير، عماد الدين أبو الفداء إسماعيل، البداية والنهاية في التاريخ، القاهرة، 1932-1939م.

- ابن منظور، لسان العرب، باب لهم، المكتب الثقافي لتحقيق الكتب، إشراف عبد أحمد علي مهنا، دار الكتب العلمية، بيروت، 1993م.

- ابن منظور، محمد بن مكرم، لسان العرب، دار الجيل ودار لسان العرب، بيروت، 1988م.

- أبو هيف، عبدالله، التنمية الثقافية للطفل العربي، دمشق، اتحاد الكتاب العرب، دمشق، 2001م.

- أبو ندى، حسن علي، القناع في مسرح سعد الله ونوس، (رسالة ماجستير غير منشورة)، جامعة الأزهر، غزة، 2015م.

- أبو خليل، شوقي، هارون الرشيد أمير الخلفاء وأجل ملوك الدنيا، دار الفكر، دمشق، 1996م.

- أحمد، دين الهناني، تجليات التراث التاريخي في المسرح الجزائري قبل الاستقلال قراءة تحليلية في آليات التوظيف، الجزائر: مركز جيل البحث العلمي، مجلة جيل الدراسات الأدبية والفكرية، العدد 53، 2019.

- آل جندي، أدهم، أعلام الأدب والفن، مطبعة مجلة صوت سورية، دمشق، 1954م.

- إسماعيل، إسماعيل فهد، الكلمة الفعل في مسرح سعد الله ونّوس، دار الآداب، بيروت، 1981م.

- إسماعيل، سيد علي، جهود القباني المسرحية في مصر، مؤسسة هنداوي، القاهرة، 2017م.

- إسماعيل، سيد علي، أثر التراث العربي في المسرح المعاصر، دار قباء للطباعة والنشر والتوزيع، القاهرة.

- أصلان، أوديت، فن المسرح، ترجمة: سامية أحمد أسعد، مكتبة الأنجلو المصرية، القاهرة.

- الأصفهاني، أبو الفرج علي بن الحسين بن محمد المرواني الأموي القرشي، الأغاني، دار إحياء التراث العربي، بيروت، 1415هـ.

- الأصفهاني، أبو الفرج علي بن الحسين بن محمد المرواني الأموي القرشي، مقاتل الطالبيين، شرح وتحقيق: أحمد صقر، منشورات الشريف الرضي، 1416هـ.

- أطيمش، محسن، الشاعر العربي الحديث مسرحيا، منشورات وزارة الأعلام، دار الحرية للطباعة، بغداد، 1977م.

- باكثير، علي أحمد، فن المسرحية من خلال تجاربي الشخصية، معهد الدراسات العربية العليا، القاهرة، 1964م.

- برشيد، عبد الكريم، شكل المسرح العربي في: ندوة التراث العربي والمسرح، المجلس الوطني للثقافة والفنون والآداب، الكويت، 1984م.

- البرو، توفيق، القومية العربية في القرن التاسع عشر، مطابع وزارة الثقافة والإرشاد القومي، دمشق.

- البلاذري، أبو العباس أحمد بن يحيى بن جابر بن داوود البغدادي، فتوح البلدان، تحقيق: عبدالله أنيس الطباع وعمر أنيس الطباع، مؤسسة المعارف للطباعة والنشر، بيروت.

- بلبل، فرحان، مراجعات في المسرح العربي منذ النشأة حتى اليوم، اتحاد الكتاب العرب، دمشق، 2001م.

- بوشعير، الرشيد، دراسات في المسرح العربي المعاصر، دار الأهالي، دمشق، 1997م.

- البيطار، عبدالرزاق، حلية البشر في تاريخ القرن الثالث عشر، تحقيق: محمد بهجة البيطار، مجمع اللغة العربية، دمشق، 1963م.

- البياتي، ميسون عبدالرزاق، الأبعاد الثلاثة للشخصية المسرحية، رسالة ماجستير غير منشورة، كلية الفنون الجميلة، جامعة بغداد، 1988م.

- البيومي، محمد رجب، هارون الرشيد الخليفة العالم والفارس المجاهد، دار القلم، دمشق، 2000م.

- التوحيدي، أبو حيان، أخلاق الوزيرين، حققه وعلق عليه: محمد بن تاويت الطنجي، دار صادر، بيروت، 1992م.

- التوحيدي، أبو حيان، الإشارات الإلهية، تحقيق: د. عبدالرحمن بدوي، وكالة المطبوعات، الكويت، 1981م.

- التوحيدي، أبو حيان، الصداقة والصديق، دراسة وتحقيق: د. إبراهيم كيلاني، دار الفكر، بيروت، 1998م.

- التوحيدي، أبو حيان، الإمتاع والمؤانسة، تحقيق: أحمد أمين وأحمد الزين، منشورات دار مكتبة الحياة، بيروت.

- الجابري، محمد عابد، إشكاليات الفكر العربي المعاصر، مركز دراسات الوحدة العربية، بيروت، 2000م.

- الجابري، محمد عابد، نحن والتراث، دار الطليعة، بيروت، 1983م.

- الجبوري، محمد محمود، الشخصية في ضوء علم النفس، مطبعة دار الحكمة، بغداد، 1990م.

- جعفر، نوري، مع الحريري في مقاماته، دار الحرية للطباعة، بغداد، 1986م.

- الجهشياري أبو عبدالله محمد بن عبدوس، كتاب الوزراء والكتاب، تقديم: حسن الزين، بيروت: دار الفكر الحديث للطباعة والنشر، بيروت، 1988م.

- الجويني، علاء الدين عطا ملك بن بهاء الدين محمد، تاريخ جهانكشاي، نشر وتصحيح: محمد بن عبدالوهاب القزويني، مطبعة ليدن، 1937م.

- الجوزي، جمال الدين أبو الفرج عبدالرحمن بن علي بن محمد، المنتظم في تاريخ الملوك والأمم، دار الكتب العلمية، بيروت، 1992م.

- الجوزجاني، أبو عمر منهاج الدين عثمان بن سراج الدين، طبقات ناصري، نشره: وليم ناسوليس ومولوي خادم حسين ومولوي عبدالحي، 1964م.

- حسين، محمد عبدالله، ظاهرة الانتظار في المسرح النثري، الهيئة المصرية العامة للكتاب، القاهرة، 1998م.

- حمادة، إبراهيم، معجم المصطلحات الدرامية والمسرحية، دار الشعب، القاهرة.

- الحميدي، أبو عبدالله محمد بن نصر، الذهب المسبوك في وعظ الملوك، تحقيق: أبو عبدالرحمن بن عقيل الظاهري، عالم الكتب، الرياض، 1981م.

- حمودة، عبدالعزيز، البناء الدرامي، الهيئة المصرية العامة للكتاب، القاهرة، 1998م.

- الحموي، ياقوت، معجم الأدباء، دار صادر، بيروت، 1995م.

- حمو، حورية محمد، تأصيل المسرح العربي بين التنظير والتطبيق، منشورات اتحاد الكتاب العرب، دمشق، 1999م.

- خشبة، سامي، شخصيات من أدب المقاومة، دار الآداب، بيروت، 1970م.

- الخطيب البغدادي، أبو بكر أحمد بن علي، تاريخ بغداد، تحقيق: مصطفى عبدالقادر عطا، دار الكتب العلمية، بيروت، 2011م.

–   الخطيب البغدادي، أبو بكر أحمد بن علي بن ثابت البغدادي، شرف أصحاب الحديث، تحقيق: محمد سعيد خطيب أوغلي، جامعة أنقرة، كلية الإليهات، 1389هـ/ 1969م.

–   خليل، خليل أحمد، موسوعة أعلام العرب المبدعين في القرن العشرين، المؤسسة العربية للدراسات والنشر، بيروت، 2001م.

–   الدقاق، عمر، أصداء حطين وصلاح الدين في الشعر العربي، منشورات اتحاد الكتاب العرب، دمشق، 1992م.

–   الدميري، كمال الدين محمد بن موسى، حياة الحيوان الكبرى، تهذيب وتصنيف: أسعد الفارس، طلاس للدراسات والترجمة والنشر، دمشق، 1992م.

–   الذهبي، محمد بن أحمد بن عثمان قايماز، سير أعلام النبلاء، تحقيق: شعيب الأرناؤوط ومحمد نعيم العرقسوسي، مؤسسة الرسالة، بيروت، 1413هـ.

–   الذهبي، محمد بن أحمد بن قايماز، تاريخ الإسلام ووفيات المشاهير والأعلام، حوادث سنة (651- 660هـ)، تحقيق: عمر عبدالسلام تدمري، دار الكتاب العربي، بيروت، 1999م.

–   الراعي، علي، المسرح في الوطن العربي، المجلس الوطني للثقافة والفنون والآداب، الكويت، 1980م.

–   الرشيد، بوشعير، دراسات في المسرح العربي المعاصر، دار الأهالي، دمشق، 1997م.

–   رمضاني، مصطفى، قضايا المسرح الاحتفالي، منشورات اتحاد الكتاب العرب، دمشق، 1993م.

–   روزنتال، فرانز، علم التاريخ عند المسلمين، ترجمة: صالح أحمد العلي، مؤسسة الرسالة، بيروت، 1403هـ.

–   روشكا، ألكسندر، الإبداع العام والخاص، ترجمة: غسان عبدالحي أبو فخر، المجلس الوطني للثقافة والفنون والآداب، الكويت، 1989م.

–   الرويني، عبلة، سعد الله ونوس حكى الطائر، دار ميريت، القاهرة، 2005م.

–   الزركلي، خير الدين، الأعلام قاموس تراجم لأشهر الرجال والنساء من العرب والمستعربين والمستشرقين، تحقيق وإشراف: زهير فتح الله، منشورات دار العلم للملايين، بيروت، 2002م.

- ـ سفيان، نبيل صالح، المختصر في الشخصية والإرشاد النفسي، إيتراك للنشر والتوزيع، القاهرة، 2004م.

- السخاوي، شمس الدين محمد بن عبدالرحمن، الإعلان بالتوبيخ لمن ذم التاريخ، تحقيق: فرانز روزنثال، ترجمة: صالح أحمد العلي، دار الكتب العلمية، بيروت.

- سخسوخ، أحمد، مشروع ونوس الثقافي الوطني، الهيئة المصرية العامة للكتاب، القاهرة، مجلة فصول، العدد1، صيف 1997م.

- السيلاوي، محمد أديب، مسرح عبدالكريم برشيد والاحتفالية، وزارة الثقافة، بغداد، مجلة الأقلام، العدد3، 1983م.

- السيلاوي، أديب، المسرح المغربي، وزارة الثقافة، دمشق، 1975م.

- السبكي، تاج الدين بن علي بن عبدالكافي، طبقات الشافعية الكبرى، تحقيق: محمود محمد الطناحي وعبدالفتاح محمد الحلو، هجر للطباعة والنشر، 1413هـ.

- السمرقندي، أبو الليث نصر بن محمد بن إبراهيم الفقيه الحنفي، بحر العلوم تفسير السمرقندي، تحقيق: د. محمود مطرجي، دار الفكر، بيروت، 1993م.

- السيوطي، جلال الدين عبدالرحمن بن أبي بكر، تاريخ الخلفاء، مراجعة وتعليق: جمال محمود مصطفى، دار الفجر للتراث، القاهرة، 1999م.

- شانصوريل، ليون، تاريخ المسرح، ترجمة: خليل شرف الدين ونعمان أباظة، مطبعة كرم، بيروت، 1961م.

- شاؤول، بول، المسرح العربي الحديث (1976 – 1989م)، رياض الريس للكتب والنشر، لندن، 1989م.

- شبولر، برتولد، العالم الإسلامي في العصر المغولي، ترجمة: خالد أسعد عيسى، دار الإحسان للطباعة والنشر، دمشق، 1982م.

- الصفدي، صلاح الدين خليل بن أيبك، الوافي بالوفيات، تحقيق: أحمد الأرناؤوط وتركي مصطفى، دار إحياء التراث، بيروت، 2000م.

- صليحة، نهاد المسرح بين الفن والفكر، دار الشؤون الثقافية العامة – بغداد، والهيئة المصرية العامة للكتاب، 1985م.

- الطالب، عمر، نحو مسرح عربي جديد، وزارة الثقافة، بغداد، مجلة الأقلام، العددان: 4-3، 1987م.

- الطبري، أبو جعفر محمد بن جرير، تاريخ الرسل والملوك، تحقيق: محمد أبو الفضل إبراهيم، دار المعارف بمصر.

- طقوش، محمد سهيل، تاريخ الدولة العباسية، دار النفائس، بيروت، 2009م.

- العارف، عارف، الأعمال المقدسية الكاملة المفصل في تاريخ القدس، وزارة الثقافة، عمان، المجلد الأول، 2009م.

- عبدالقادر، عبدالإله، المسرح في الإمارات المرجعيات وتجليات الواقع، دائرة الثقافة والإعلام، الشارقة، 2004م.

- عبدالرحمن، بدر الدين، التراجيديا معرفيا وجماليا نماذج وتطبيقات في الأدب المسرحي السوري، دائرة الثقافة والإعلام، الشارقة، 2002م.

- عبد الوهاب، شكري، النص المسرحي: دراسة تحليلية تاريخية لفن الكتابة المسرحيّة، المكتب العربي الحديث، الإسكندرية، 1997م.

- عزيزية، محمد، الإسلام والمسرح، ترجمة: رفيق الصبان، منشورات عيون المقالات، الدار البيضاء، 1988م.

- عثمان، حسن، منهج البحث التاريخي، دار المعارف، القاهرة، 1993م.

- العشري، أحمد، المسرحية السياسية في الوطن العربي، دار المعارف، القاهرة، 1985م.

- العشري، أحمد، مقدّمة في نظريّة المسرح السّياسي، الهيئة المصريّة العامّة للكتاب، 1989م.

- عصمت، رياض، المسرح العربي سقوط الأقنعة الاجتماعية، دمشق، 1995.

- عصمت، رياض، المسرح في سوريا، الهيئة العربية للمسرح، الشارقة، 2009م.

- عطية، أحمد محمد، نحو تأصيل المسرح العربي، مجلة قضايا عربية، العدد12، 1980م.

- علي، جواد، المفصل في تاريخ العرب قبل الإسلام، جامعة بغداد، 2003م.

- العسلي، كامل، القدس في التاريخ، وزارة الثقافة، عمان، 2009م.

- العشري، أحمد، المسرحية السياسية في الوطن العربي، دار المعارف، القاهرة، 1985م.

- عمارة، محمد، نظرة جديدة إلى التّراث، دار قتيبة، بيروت، 1988م.

- العيني، بدر الدين محمود العيني، عقد الجمان في تاريخ أهل الزمان حوادث (648-664 هـ)، تحقيق: محمد أمين، الهيئة المصرية العامة للكتاب، القاهرة، 1987م.

- فايز، تامر، تحولات الشخصية التاريخية في المسرح المصري المعاصر، المجلس الأعلى للثقافة، القاهرة، 2016م.

- فوزي، نوران حسين، شاعر الإسلام والعروبة عزيز أباظة، المكتبة الثقافية، الهيئة المصرية العامة للكتاب، القاهرة، 1990م.

- فوزي، فاروق عمر، العباسيون الأوائل، دار مجدلاوي للنشر والتوزيع، عمان، 2003م.

- الفوطي، كمال الدين أبي الفضل عبدالرزاق بن أحمد الشيباني البغدادي، الحوادث الجامعة والتجارب النافعة في المائة السابعة، تحقيق: مهدي النجم، دار الكتب العلمية، بيروت، 2003م.

- القط، عبدالقادر، من فنون الأدب – المسرحية، دار النهضة العربية، بيروت، 1978م.

- لوكاش، جورج، الرواية التاريخية، ترجمة: صالح جواد الكاظم، وزارة الثقافة والفنون، بغداد، 1978م.

- لوقا، إسكندر، الحركة الأدبية في دمشق 1800-1918م، اتحاد الكتاب العرب، دمشق، 2008م.

- المالح، وصفي، تاريخ المسرح السوري وذكرياتي، وزارة الثقافة، دمشق، 1984م.

- ماركس، ملتون، المسرحية كيف ندرسها ونتذوقها، ترجمة: فريد مدور، دار الآداب، بيروت، 1965م.

- مجموعة من الكتاب، شاهد على التاريخ، دائرة الثقافة والإعلام، الشارقة، 2005م.

- محبك، أحمد زياد، المسرحية التاريخية في المسرح العربي المعاصر، دار طلاس، دمشق، 1989.

- مدقن، سناء، السخرية ودلالتها في مسرحية المهرج لمحمد الماغوط، (رسالة ماجستير غير منشورة)، الجزائر: جامعة قاصدي مرباح، ورقلة، كلية الآداب واللغات، 2016م.

– المرزوقي، أبو يعرب، استلهام ابن خلدون والفكر الاجتهادي، دار جرير للنشر والتوزيع، عمان، 2007م.

– مصطفى، شاكر، القصة في سورية حتى نهاية الحرب العالمية الثانية، دار المعارف، القاهرة، 1958م.

– المقدسي، المطهر بن طاهر، البدء والتاريخ، مكتبة الثقافة الدينية، بور سعيد.

– مهنا، عبد الأمير، أخبار المغنين في الجاهلية والإسلام، دار الفكر اللبناني، بيروت، 1990م.

– المناصرة، حسين، فرح أنطون روائيا ومسرحيا، دار الكرمل للنشر والتوزيع، عمان، 1994م.

– المنيعي، حسن، المسرح المغربي من التأسيس إلى صناعة الفرجة، فاس ظهر المهراز، كلية الآداب والعلوم الإنسانية، 1994م.

– مندور، محمد، محاضرات عن مسرحيات عزيز أباظة، الناشر: مؤسسة هنداوي سي آي سي، المملكة المتحدة، 1978م.

– نجم، محمد يوسف، المسرحية في الأدب العربي الحديث، دار بيروت، بيروت، 1956م.

– النجار، محمد رجب، حكايات الحيوان في التراث العربي، الكويت: المجلس الوطني للثقافة والفنون والآداب، مجلة عالم المعرفة، العددان: 2-1، يوليو/ سبتمبر، 1995م.

– النصير، ياسين، أسئلة الحداثة في المسرح، الهيئة العربية للمسرح، الشارقة، 2011م.

– النصير، ياسين، وآخرون، المنجزات العلمية والإنسانية في القرن العشرين، مؤسسة عبدالحميد شومان، عمان، 2008م.

– النقاش، نقولا، أرزة لبنان، تحقيق وتقديم: نبيل أبو مراد، الكسليك: جامعة الروح القدس، 2009م.

– هارف، حسين علي، فلسفة التاريخ في الدراما التاريخية، دار الكندي للنشر والتوزيع، إربد، 2001م.

– هلال، محمد غنيمي، في النقد المسرحي، دار العودة، بيروت، 1975م.

– الهمذاني، رشيد الدين فضل الله بن عماد الدولة أبي الخير بن موفق الدولة،

جامع التواريخ تاريخ المغول تاريخ هولاكو، ترجمه عن الفارسية: محمد صادق نشأت وآخرون، القاهرة، 1960م.

– هنشيري، إيمان، الموروث التاريخي في مسرح سعد الله ونوس، رسالة ماجستير غير منشورة، جامعة باجي مختار؛ عنابة، كلية الآداب والعلوم الإنسانية، 2011م.

– ونوس، سعد الله، هوامش ثقافية، دار الآداب، بيروت، 1992م.

– ياغي، إسماعيل أحمد محمد، مصادر التاريخ الحديث ومناهج البحث فيه، مكتبة العبيكان، القاهرة.

– اليعقوبي، أحمد بن أبي يعقوب بن أبي جعفر بن جعفر بن وهب بن واضح الكاتب العباسي، تاريخ اليعقوبي، تحقيق: عبدالأمير مهنا، دار صادر، بيروت.

– يقطين، سعيد، انفتاح النص الروائي، المركز الثقافي العربي، الدار البيضاء بيروت، 2001م.

– اليونيني، قطب الدين موسى بن محمد، ذيل مرآة الزمان، تصحيح: وزارة التحقيقات الحكومية والأمور الثقافية للحكومة الهندية، دار الكتاب الإسلامي، القاهرة، 1960م.

– يونس، محمد عبدالرحمن، تأثير ألف ليلة وليلة في المسرح العربي المعاصر، دار الكنوز، بيروت، 1995م.

–

ب- الدراسات والمقالات المنشورة:

– ابن زيدان، عبدالرحمن، العلاقة بالأشكال العالمية في معالجة التراث والمسرح العربي، وزارة الثقافة، المعهد العالي للفن المسرحي، تونس، 1995م.

– أبو زاهر، نادية، المثقف العربي في رؤيته للسلطة: سعد الله ونوس في مسرحيته الملك هو الملك، مؤسسة الحوار المتمدن، العدد 2162، بتاريخ 2008/1/16م.

– الأنباري، صباح، محيي الدين زنكنة ولعبة المسرح داخل المسرح الحفر

بازميل المعرفة على صخور التراث، جريدة الزمان، لندن، العدد1727، بتاريخ 2 /10/2004.

–   باتشيكو، خوان أنطونيو، أبو حيان التوحيدي أو العالمي الفرد، القاهرة: الهيئة المصرية العامة للكتاب، مجلة فصول، الجزء1، المجلد 14، العدد3، خريف 1995م.

–   بدوي، محمد، تجليات التغريب في المسرح العربي – قراءة في سعد الله ونوس، القاهرة: الهيئة العامة المصرية للكتاب، مجلة فصول، المجلد2، العدد3، إبريل 1982م.

–   برشيد، عبدالكريم، المسرح الشعبي في المنظور الاحتفالي، المغرب: العلم الثقافي، العدد626، أكتوبر 1982م.

–   البوجديدي، علي، تجليات السخرية في مسرحية رأس المملوك جابر لسعد الله ونوس، تونس: مجلة الواحات للبحوث والدراسات، العدد13، 2011م.

–   الجبوري، معد، قاسم محمد في محكمة المسرح، بغداد: جريدة القادسية، العدد2099، 8 آذار 1987م.

–   جواد، مصطفى، القاهرة: مجلة الرسالة، السنة الثانية، العدد27، 8 كانون الثاني/ يناير 1934م.

–   حمادة، حسن محمد حسن، الاغتراب عند أبي حيان التوحيدي، القاهرة: الهيئة المصرية العامة للكتاب، مجلة فصول، ج14، العدد3، خريف 1995م.

–   حمداوي، جميل، الطيب الصديقي بين جدلية المثقف والسلطة وفن البساط، (دراسة منشورة على الإنترنت)، الجمعة 18 أغسطس 2006م.

–   حمداوي، جميل، المسرح الثالث والتعامل مع التراث، (دراسة منشورة على الإنترنت)، دنيا الوطن، بتاريخ 2010/6/4م.

–   الخليل، أحمد محمود، الأديب الموسوعي أبو حَيّان التَّوْحيديّ.. عبقري ظلمه عصره، (محاضرة)، الإمارات: مركز زايد للتراث، 2006م.

–   رمضاني، مصطفى، توظيف التراث وإشكالية التأصيل في المسرح العربي، الكويت: وزارة الإعلام، مجلة عالم الفكر، المجلد17، العدد4، 1987م.

–   الرويني، عبلة، السؤال الديموقراطي في مشروع سعد الله ونوس، القاهرة: الهيئة المصرية العامة للكتاب، مجلة فصول، المجلد16، العدد1، صيف 1997م.

- الصغير، المسكيني، حول مفهوم المسرح الثالث، الدار البيضاء: مجلة المدينة، العدد6، 1981م.

- عاتي، حسن كريم، تبادل الأدوار؛ تبدل الدلالات في مسرحية (الخاتم) لمحيي الدين زنكنة، الحوار المتمدن، العدد5008، بتاريخ 2015/9/12م.

- عثمان، اعتدال، الواقع والتاريخ قراءة في باب الفتوح، القاهرة: الهيئة المصرية العامة للكتاب، مجلة فصول، المجلد2، العدد 3، 1982م.

- عردوكي، خالد محيي الدين، الموروث الشعبي في الفنون الاحتفالية، بيروت: مجلة الآداب، العدد 1/2، السنة 35، يناير مارس1987م.

- عوض الله، الأمين محمد، هارون الرشيد الخليفة المفترى عليه، السودان: جامعة إفريقيا العالمية، مجلة دراسات دعوية، العدد7، 2004م.

- عصمت، رياض، أثر ألف ليلة وليلة على المسرح العربي، مجلة العربي، الكويت، وزارة الإعلام، مجلة العربي، العدد 403، 1992.

- كنعان، حسني، أبو خليل القباني باعث نهضتنا الفنية الحديثة، دمشق: مجلة الرسالة، العدد804، 29 تشرين الثاني 1948م.

- نسيم، محمود، المسرح العربي والبحث عن الشكل، القاهرة: الهيئة المصرية العامة للكتاب، مجلة فصول، ج2، المجلد14، العدد1، 1995م.

ج- النصوص المسرحية:

- أباظة، عزيز، مسرحية شهريار، مطبعة مصر، القاهرة، 1955م.

- أباظة، عزيز، مسرحية العباسة، دار المعارف، القاهرة، 1965م.

- زنكنة، محيي الدين، مسرحية الخاتم، وزارة الثقافة، السليمانية، 2004م.

- الماغوط، محمد، الآثار الكاملة مسرحية المهرج، تقديم: سنية صالح، دار العودة، بيروت، 1973م.

- ونوس، سعد الله، الأعمال الكاملة مسرحية الملك هو الملك،، مجلد1، دار الأهالي، دمشق، 1996م.

- ونّوس، سعد الله، الفيل يا ملك الزمان ومغامرة رأس المملوك جابر، دار الآداب، بيروت، أيلول 1977م.

المحتويات